IJS 서울대학교 일본연구소
Reading Japan 35

한반도 정전체제와
'전후' 일본

한국전쟁 70주년 학술회의

저 자 : 남기정, 권헌익

제이앤씨
Publishing Company

이 논문 또는 저서는 2019년 대한민국 교육부와 한국연구재단의 지원을 받아 수행된 연구임 (NRF-2019S1A6A3A02102886)

책 을 내 면 서

　서울대 일본연구소는 국내외 저명한 연구자와 다양한 분야의 전문가를 초청하여 각종 강연회와 연구회를 개최하고 있습니다. 〈리딩재팬〉은 그 성과를 정리하고 기록한 시리즈입니다.

　〈리딩재팬〉은 현대 일본의 정치, 외교, 경영, 경제, 역사, 사회, 문화 등에 걸친 현재적 쟁점들을 글로벌한 문제의식 속에서 알기 쉽게 풀어내고자 노력합니다. 일본 연구의 다양한 주제를 확산시키고, 사회적 소통을 넓혀 나가는 자리에 〈리딩재팬〉이 함께하겠습니다.

차 례

제1부

동북아시아
전쟁으로서
한국전쟁과
한일관계

제1부

동북아시아 전쟁으로서
한국전쟁과 한일관계

남기정(서울대학교 일본연구소)

1. '한국전쟁'과 '일본'을 묶어서 사고하기

'한국전쟁과 일본'은 낯설고, 불편한 조합이다. 서로가 서로를 불가결한 부분으로 내포하고 있음에도 이를 묶고 엮어서 사고하는 틀은 좀처럼 상식이 되지 못하고 있다. 그 결과 이러한 현실이 동북아시아의 현재를 온전히 이해하는 데 장애를 일으키고 있다. '한국전쟁과 일본'이라는 조합은 왜곡된 채로 상식이 된 동북아시아 역사상을 복원하여 바로잡는 '상호 관건적 개념군'이다.

한국전쟁—그 기원과 원인과 전개와 결과—에 일본은 결정적인 의미를 지니고 있었다. 일본을 빼고 한국전쟁을 온전히 이해할 수 없다. 마찬가지로 전후 일본—그 탄생과 변용—

에 한국전쟁은 결정적인 의미를 지니고 있었다. 한국전쟁을 빼고 전후 일본을 온전히 이해할 수 없다.

한국전쟁에서 수행한 일본의 역할을 제대로 평가하지 않고는 정전체제를 종식시킬 수 없다. 마찬가지로 전후 일본의 전개에서 한국전쟁이 가지는 의미를 제대로 이해하지 않고는 전후 일본을 총괄할 수 없다. 그럼에도 한국전쟁 정전체제 극복을 주장하는 쪽에서는 한국전쟁에서 수행한 일본의 역할과 존재를 무시하고 있고, 전후 일본의 총결산을 주장하는 쪽에서는 한국전쟁이 일본의 전후사에 미친 영향을 무시하고 있다. 양쪽이 모두 역사적 사실에 눈을 감은 채 문제 해결에 이르는 관건을 애써 무시하고, 서로를 적대시하고 있다.

2019년의 한일 '경제' 전쟁은 그 귀결이었다. 한반도 평화프로세스가 일본의 전후 총결산을, 일본의 전후 총결산이 한반도 평화프로세스를 상호 규정하는 구조를 이해하지 않고는 한반도 평화프로세스도 일본의 전후 총결산도 개별적으로는 성공할 수 없으며, 동북아시아에서 대립과 갈등의 질서를 극복하여 평화와 번영의 새로운 질서를 만드는 것은 불가능할 것이다.

2. 동북아시아 전쟁으로서 한국전쟁

동북아시아의 근대는 청일전쟁으로 열렸다. 청과 일본이 모두 서유럽으로부터 수입한 군사제도와 무기체제로 치른 최초의 근대 전면전쟁이라는 의미에서 청일전쟁으로 동북아시아의 근대가 개막되었다고 할 수 있다. 이후 동북아시아는 전쟁의 세기를 맞이하여 120년 동안의 전쟁을 치르고 있는 중이다.

와다 하루키(和田春樹)는 『동북아시아 공동의 집(東北アジア共同の家)』(2003)에서, 1894년의 청일전쟁으로 시작되어 1975년의 베트남전쟁 종료에 이르는 전쟁을 동북아시아 80년 전쟁으로 명명했다. 그 전쟁은 청일전쟁, 러일전쟁, 제1차 세계대전(칭다오 전투), 시베리아 간섭전쟁, 만주사변, 중일전쟁(대동아전쟁), 미일전쟁(태평양전쟁), 소일전쟁, 인도차이나전쟁, 한국전쟁, 베트남전쟁 등으로 이어지는 장기 전쟁이었다.

그러나 한국전쟁은 1953년의 정전으로 전투가 종료되었을 뿐, 북한과 미국, 그리고 이를 지원한 일본과의 적대관계는 아직 해소되지 않은 채 '정전'이라는 이름으로 지속되고 있다. 한국전쟁을 평화협정으로 끝내지 못하는 현실은 장기 동북아시아 전쟁이 지속되고 있음을 의미한다.

한편 한국전쟁은 청일전쟁 이후 한반도에서 전개된 세 번째 동북아전쟁이었다. 청일전쟁이 한반도를 무대로 한 것임은 물론이거니와 만주를 주요 무대로 전개된 러일전쟁도 제물포, 울산, 울릉도의 앞바다 등 한반도 주변의 황해, 동해 해역을 무대로 하고 있었으며, 개전 초기에는 신의주 주변에서도 전투가 벌어지기도 했다는 점에서 한반도전쟁이었다고 할 수 있다. 한편 이들 전쟁에서 일본은 청 및 러시아와 정규전을 벌이면서, 조선 및 대한제국의 의병들과 비정규전을 벌이고 있었다. 그런 의미에서도 청일전쟁, 러일전쟁은 '한반도를 무대로 동북아시아의 여러 행위주체들이 참가한 국제 전쟁'이었다. 그리고 이들 두 개의 전쟁은 일본의 패전과 한반도의 분단을 거쳐, 한국전쟁의 기원을 형성하고 있었다.

3. 한국전쟁의 기원 및 원인과 일본 : 동북아시아의 전쟁들과 냉전

일본이 개시한 동북아시아의 근대 전쟁들, 특히 청일전쟁과 러일전쟁의 결과들은 한국전쟁의 기원을 이루고 있다. 청일전쟁의 결과들은 조선에서 왜곡된 근대화가 시작되는 기점을 이루고 있고, 러일전쟁의 결과는 일본에 의한 한반도의 식민지화가 개시되는 기점이 되었다. 제2차 세계대전에서 일본이 패배한 뒤 대동아공영권과 대일본제국이 해체되는 과정은 한반도 분단의 기점이 되었다. 연합국 입장에서 볼 때, 미국과 소련에 의한 한반도의 분할 점령은 대일본제국을 분할 관리하는 대일점령정책의 일환이었다.

해방 이후 근대화와 탈식민화에 대한 정치적 입장 차이가 한반도의 지리적 분할이라는 조건과 맞물려 정치적 분단 상태를 형성하고, 그것이 이데올로기적 대립의 해소를 방해하는 요인이 되었다는 점은 보다 분명히 인식되어야 할 것이다. 이를 모두 엮어서 총체적으로 구성하면, 한국전쟁의 기원에 일본은 청일전쟁, 러일전쟁, 아시아태평양전쟁(중일−미일−소일전쟁) 등 세 번의 전쟁의 주체로서, 간접적으로 책임이 있는 국가라고 할 수 있다. 일본이 한반도의 전쟁에 무관한 위치에 설 수 없는 역사적 경위를 여기에서 확인할 수 있다. 이것이 미국의 그림자 속에서 일본이 한국전쟁에 간접적으로 참전하는 배경이 되었다.

한편, 일본은 한국전쟁의 원인(개전 이유)과 관련해서도 놓쳐서는 안 되는 요인으로 작용하고 있었다. 한국전쟁은 애초부터 일본을 둘러싼 미국과 소련의 힘겨루기(較量)로 시작된 측면이 있다. 또한 갓 수립된 중화인민공화국으로서도 일본의 동향은 초미의 관심사였다. 북한의 입장에서 보아도 이승만 정권과 재기한 일본의 연계는 무력통일의 최대 장애일

뿐만 아니라 북한의 생존 자체를 위협하는 포위망의 완성으로 간주되고 있었다. 따라서 일본의 동향은 북한 지도부의 관심거리였다.

전쟁 원인 분석 가운데 애치슨 선언이 북한 지도부에 전쟁 개시의 청신호 역할을 했다는 분석은 오래 권위를 유지해 왔다. 그러나 1950년 1월 12일에 발표된 애치슨라인이 1월 6일의 코민포름의 일본공산당 비판에 대응한 것이라는 점은 종종 간과되고 있다. 1950년 초 냉전의 전선은 한반도가 아니라 일본이었다.

이에 더해 대일본제국의 식민지였던 한반도와 타이완에서는 중일전쟁의 구도가 재현되고 있었다. 1월 초 일군의 구 일본군 장교들이 아시아의 적마(赤魔)에 대항하기 위하여 백단(白団)을 조직하여 요코하마항을 출발해서 타이완으로 향했다. 1월 22일 마오쩌둥은 린뱌오(林彪) 지휘하의 16,000명의 조선인 병사 가운데 일부를 조선으로 '귀환'하는 결정을 내렸다. 이들은 항일전쟁의 연장으로 조선 혁명을 완수한다는 의식을 가지고 있었다.

1월 16일자 『로동신문』은 미국이 일본과 단독강화를 추진하고 일본을 군사기지화하여, 북한과 중국에 대한 전쟁을 준비하고 있다는 분석 기사를 내보냈다. 일본에서는 1949년 9월 GHQ에 의해 재일본조선인연맹이 해산당한 뒤, 지하로

잠복해 있던 김천해 등 일본공산당의 조선인 간부들이 한국 전쟁 발발 직전인 6월 밀입북했다. 이들의 일본 정세 분석이 6월 개전의 근거로 활용되었을 가능성을 부정할 수 없다.

1950년 2월 1일 중소우호동맹조약 조인은 동북아 냉전이 전쟁으로 향하는 기점이 되었다. 미 극동군은 이 조약을 '미일'을 향한 것으로 파악하고 합동연습을 기획하여, 3월 17일 극동군 총사령부는 '전면적 비상사태'를 상정한 훈련을 결정했다. 그리고 6월 13일에는 기존의 작전 개념에 아시아적 요소를 가미하여, 소련에 더해 북한과 중국 등 아시아 공산주의를 적으로 상정한 개정판 '건파우더(Gunpowder)'를 채택했다. 한편 미국은 외부로부터 일본에 대한 전면 침략에 대비한 '건파우더' 작전 개념에 더해 간접침략에 대비하여 '톨부스(Tollbooth)' 작전 개념을 세워놓고 있었는데, 이에 대한 개정이 늦어지고 있던 상황에서 미군 출동 이후의 일본 국내 치안용으로 한국전쟁 개전 2주일 후인 1950년 7월 8일 급거 78,000명의 경찰예비대가 만들어지게 되었다. 이것이 자위대의 기원이다.

소련, 중국, 북한, 그리고 미국이 한반도에서의 전쟁을 '일본을 포함한' 동북아시아 수준에서 사고하고 있었던 것은 당시의 동북아시아 국제정치의 전개에서 볼 때, 오히려 당연한 것이었다. 그럼에도 한국전쟁이 '제한전'의 성격을 갖고 있었다는 점에서 전쟁의 범위를 한반도에 국한시키는 오류를 범하고 있는 것이다.

4. 한국전쟁 전개와 일본 :
'일한구역(Japan / Korea Area)'의 인식

일본인에게 한국전쟁 발발은 '이해하기 어려운', '비문명적인' 사태로서 '일본이 관여할 수 없는 전혀 별개의' 전쟁이었다(朝日新聞, 1950.6.26.) 그러나 전쟁이 전개되는 과정에서 일본인들은 이 전쟁에 일본이 깊숙이 개입해 있다는 사실을 발견하게 되었다. 샌프란시스코 평화조약을 거쳐 국제사회에 복귀한 일본은, '일본과 조선반도 사이에 바다가 없는 것이나 다름없이 밀접'된 현실을 마주하게 되었고, '유엔군 사령부가 도쿄에 있고, 보급기지도 항공기지도 일본에 있고, 전투부대가 반도에 있'어서 '저팬 코리아 에리어(ジャパン・コリア・エリア)'인 상황이 '아시아의 현실'(朝日新聞, 1952.11.16.)이라는 것을 깨닫게 되었다.

일본은 한국전쟁 발발과 동시에 미군의 반격을 위한 출격기지가 되었다. 한국전쟁에서 전개된 공중으로부터의 공격은 주로 15개의 일본 공군기지로부터 발진한 폭격기와 전투기에 의존한 것이었다. 지리적으로 볼 때, 한국에서의 공중전 수행 시, 일본의 비행장은 거리와 방어 조건을 고려하거나,

나아가 비행장의 정비, 탑승원의 휴양과 의료, 폭탄과 연료 등의 보급 면에서 보아도 최적의 위치에 있었다.

잘 발달된 공업과 철도, 항만 등의 시설은 후방기지로서 일본이 최적의 역할을 수행할 수 있는 기초가 되었다. 일본은 한국전쟁 전 과정을 통틀어 보급, 수송의 중계기지, 군수물자의 수리 및 생산기지, 훈련 및 휴양기지 등 후방지원기지의 역할을 수행했다.

이러한 후방지원의 과정에서 일본인이 동원되었다. 특히 한국전쟁 개전 초기 일본인 하역노동자와 선원 등이 대거 전쟁에 동원되어, 이 중에 사망자와 부상자도 다수 발생했다. 일본의 공식 통계자료에 따르면, 개전 후 6개월이 지난 1951년 1월까지, 항만 하역노동자와 선원 등이 입은 피해 상황은 다음과 같다. 특수 항만 하역노동자의 사상자가 업무상 사망이 1명, 업무상 질병이 79명, 기타 사상자 21명(사망 3명) 등 101명이었다. 특수 선원의 경우 업무상 사망이 22명, 업무상 질병이 20명, 기타 사망이 4명, 기타 부상 및 질병이 208명 등 254명이었다. 기타 한국의 항만 및 해역에서의 특수 수송 업무 중에 사망한 자가 26명으로 이 가운데 항만 하역이 4명, 선원이 22명이었다.[1]

---

[1] 미야자키 하야오(宮崎駿) 감독의 〈코쿠리코 언덕에서〉가 당시의 실상을 배경으로 그리고 있다. 占領軍調達史編さん委員会 編, 『占

일본인 노무자의 '참전'은 총체적으로 약 8,000명 규모였으며, 그 가운데 희생자는 모두 47명인 것으로 파악되고 있다.[2] 그 규모는 16개국 참전국과 비교할 때 상위 6위의 실적이었다고 할 수 있다. 한국전쟁 참전 16개국 가운데 8,000명 이상의 인원이 참전한 것은, 미국, 영국, 호주, 캐나다, 터키 등이다. 그 외 뉴질랜드가 4,500명, 프랑스가 4,000명, 남아프리카공화국이 811명, 룩셈부르크가 89명 등이었다.[3]

이상의 전쟁 협력은 일본이 미국의 점령하에 있다는 조건에서 가능한 것이었고, 아직 국제법상의 '국가'가 아니었기 때문에 일본은 '참전국'이 아니며, '교전국'이 아니다. 다만 미국에 의해 안전을 보장받는 위치에서 후방지원의 역할을 담당했을 뿐이다. 이 점이 유엔사 구성에서 일본이 지니는 독특한 지위를 설명해 준다.

한편 일본은 직접 참전국이 아니었기 때문에 일본인이 수행 가능한 업무들도 있었다. 아카기 간지(赤木完爾)의 연구에 그 일부가 소개되어 있다.[4] 미군의 군사정보활동에 구

　　領軍調達史: 占領軍調達の基調 1956』, 占領軍調達史編さん委員会, 1956, 576쪽.
2) 石丸安蔵, 「朝鮮戦争と日本の関わり―忘れ去られた海上輸送」, 『戦史研究年報』 11号, 2008.3; 石丸安蔵, 「朝鮮戦争と日本の関わり―忘れ去られた海上輸送」, 『波涛』 34巻 2号, 2008.7., 8쪽.
3) Tessa Morris-Suzuki, "Japan and the Korean War: A Cross-Border Perspective," 『アジア研究』, 61巻 2号, 2015.6., 8쪽.

일본 육군의 정보관계자와 어학 전문가가 참가했다는 간접적 증언 등이다. 당시 미 극동군에는 중국어를 이해하는 요원이 없었기 때문에 중국 참전 이후 일본인으로 주로 중국어 통신정보 관련에 종사했던 사람들이 미군에 협력했다는 것이다.[5] 또 첩보요원(스파이)들을 아시아 각 지역에 파견하는 특수한 공수작전(clandestine air transport)에는 전시기부터 아시아의 상업항공에 종사하던 일본의 민간 조종사들이 미 극동공군 지휘하에 1954년까지 활동하고 있었다는 증언이 있다.[6] 첩보전쟁 속에서 활약했으나, 그 존재도 이름도 사라진 사람들의 존재는 '전후 일본의 잊혀진 얼굴(Forgotten Faces of Postwar Japan)'이었다.[7]

4) 赤木完爾, 「朝鮮戰爭─日本への衝撃と余波─」, 『朝鮮戰爭と日本』, 防衛省防衛研究所, 2013.9., 9쪽.

5) Matthew M. Aid, "US Humint and Comint in the Korean War: From the Approach of War to the Chinese Intervention," *Intelligence and National Security* 14(4), 1999; Matthew M. Aid, "US Humint and Comint in the Korean War (Part II): From Chinese Intervention to the Armistice," *Intelligence and National Security* 15(1), 2000. 또한 北杜夫, 「浮標」(1958) (『夜と霧の隅で』, 新潮社, 1960에 수록). 이상 赤木完爾, 「朝鮮戰爭─日本への衝撃と余波─」, 9쪽에서 재인용.

6) 高山正之, 「暴かれた航空界幹部のスパイ空輸」, 『文藝春秋』 1989.1., 360-379쪽. 赤木完爾, 「朝鮮戰爭─日本への衝撃と余波─」, 9쪽에서 재인용.

7) Tessa Morris-Suzuki, "The United States, Japan, and the Undercover War in Korea," Tessa Morris-Suzuki (ed.), *The Korean War in Asia: A Hidden History*, Rowman & Littlefield Publishers, 2018.2, Kindle Book, Location 3896.

한국전쟁 시기 오키나와의 존재를 고려하면, 전쟁의 범위는 동북아시아를 넘어 동아시아 수준으로 확대되어 있었다. 1950년대 초, 오키나와 전투 와중에 건설되기 시작한 미군기지가 '항구기지'로 변모된 것이 한국전쟁을 계기로 한 것이기 때문이다.

한국전쟁 발발 직전인 1950년 초부터 미군은 오키나와의 장기보유 방침에 따라 본격적인 기지건설을 개시했다. 그 중심은 주둔 부대와 가족을 위한 거주 공간의 개선이었다. 그러나 한국전쟁이 발발하자 '최소한의 주기장(駐機場) 수리'에 머물러 있던 당초 계획이 변경되어 7월에는 격납고의 추가 건설이 개시되는 등 군사시설 건설이 확장되었다.

한국전쟁이 발발하자 6월 30일부터 F80 제트 전투기, F82 쌍발 무스탕, B26 경폭격기, C47, C46, C54 수송기 등 오키나와 5군, 제20공군 소속의 비행기들이 오키나와의 기지로부터 한국작전 참가 임무를 띠고 발진 출격했다. 6월 27일에는 괌의 앤더슨 기지 주둔 폭격 부대에 대해 가데나로의 이동 명령이 내려지고, 7월 1일까지 이동이 대부분 완료되었다. 나아가 미 본토로부터 폭격부대가 오키나와로 이동하여, 7월 16일의 서울 폭격에는 47기의 B29가 가데나 기지에서 출격했다. 8월 중순에는 요코타 기지와 가데나 기지에 총 98기의 B29가 집중되었는데, 격납고의 추가 건설은 증파된 B29부대를 수용하기 위한 것이었다. 11월부터는 요미탄, 보로(Bolo), 후텐마 등에 만들어졌던 보조비행장의 확충 수리가 개시되었다.

한편 한국전쟁을 계기로 오키나와에서 기지 건설을 위한 군용지의 신규 접수가 본격 개시되었다. 1950년 9월부터 11월까지 요미탄, 가데나, 기노완(宜野湾), 우라소에(浦添), 마와시(真和志) 등 오키나와 곳곳에서 이른바 '일소(clearance)'라는 표현의 시설 및 토지 접수가 전개되었던 것이다. 오키나와 기지 문제의 기원이 한국전쟁에서 발단하고 있었다.

5. 한국전쟁 정전과 일본

"조선문제가 평화적으로 해결된다 해도, 통일정권 출현은 쉽지 않을 것." 한반도에서 정전이 성립한 직후, 일본 외무성이 작성한 대외비 문서의 결론이다. 일본은 미국과 소련이 한반도에서 전쟁을 계속할 의사가 없기 때문에 '조선문제의 평화적 해결'은 필수라고 보았다. 그러나 '타협에 의해 내란이 통일로 결과한 예'도 없기 때문에 '남북 양 정권의 성립과 그 상태에서의 평화 보장'이 지속될 것으로 전망했다. 이상이 정전 성립 이후 한반도 평화와 관련한 국제회담을 앞두고 일본이 내린 결론이었다. 간단히 정리하자면, '전쟁도 통일도 아닌, 분단의 지속'이 한반도의 장래이며, 이를 전제로 일본 외교를 구상하겠다는 것이다.

샌프란시스코에서 평화조약이 체결되어 일본이 외교권을 회복하자마자 가장 먼저 매달린 과제가 정전의 전망에 대한 정보수집과 대책 협의였다. 일본 외무성은 세계 각지에서 업무를 재개한 대사관을 총동원하여, 해당 국가의 실력자들과 만나 정전이 일본의 정치 경제에 미칠 영향을 분석하는 한편, 정전 이후 한반도 문제 관련 국제회의에 일본이 참여할 가능성을 탐색했다. 정전 협상이 막바지에 이를 즈음, 일본 외상 오카자키 가쓰오(岡崎勝男)는 주일 대사 존 앨리슨(John M. Allison)을 만나, "이웃 나라로서 조선의 장래 운명에 대해서는 다대한 관심을 두고 있다"면서, "조선의 운명을 결정할 정치회의에 어떠한 형태로든 일본이 참가하는 것은 당연하다고 생각한다"고 말했다. 이에 대해 앨리슨 대사는 정치회담 "참가국은 한반도에서 실제로 전투에 종사한 주요국"에 한정될 것이라고 거리를 두면서도, 잘 연구해 보겠다고 대답했다. 이후 뉴욕 주재 사와다 렌조(澤田廉三) 유엔 대사가 유엔 주재 각국 대사들을 상대로, 그리고 워싱턴 주재 아라키 에이키치(新木栄吉) 주미 대사가 미국 측 인사들을 상대로 정보를 수집하고, 일본의 정치회담 참여를 설득하고 있었다.

그러는 사이 판문점에서 정전협정이 체결되었다. 7월 말, 오카자키 외상은 일본이 정치회담에 참가하지 않더라도 "충분

한 정보를 제공받을 수 있을 것으로 기대"하며, "잠시 정세의 추이를 지켜보기로 하고 너무 강하게 이 문제를 제기하지는 않을 것"이라고 입장을 정리했다. 결국 일본의 한반도 문제 관련 정치회담의 참가는 좌절되었다. 이에 대한 일본인의 실망감과 좌절감이 군사적 보통국가의 열망의 기원이 되고 있다.

6. '백병전'의 후방기지, '사상전'의 전방기지

한국전쟁이 발발한 직후 일본 정부의 반응은 매우 무딘 것이었다. 전쟁 발발 3주 후인 7월 14일에야 시정방침연설을 통해 요시다 수상은 '가능한 범위 내에서 국제연합에 협력하는 것은 지극히 당연'하다는 인식을 표명하고, 대 유엔협력방침을 천명했다.[8] 한국전쟁 이후, 처음으로 이루어진 일본정부의 입장 발표인 외무성 성명 '조선의 동란과 우리들의 입장'은 이러한 요시다의 생각이 반영된 것이었다. 요시다로서는 경무장, 경제우선 노선을 한국전쟁의 영향으로부터 분리 보호하면서 안전보장 문제를 해결하고, 국제사회의 이해를 얻어 강화를 달성하는 것이 최대의 과제였다. 유엔협력은 그 최소한의 의무라고 생각되었던 것이다. 그 논거로 동원된 개

---

8) 第8回国会施政方針演説, 1950年 7月 14日.

념이 '사상전'이라는 용어였다.

요시다는 한국전쟁을 자위전쟁의 대리전쟁으로 간주하고 있었다. '사상전'의 의미는 여기에 있었다. 그는 후에 "조선반도가 일본의 국가적 안보에 중대한 관계를 갖는 것은 이제와서 말할 필요도 없다. 유사 이래, 일본에 대한 외래의 위협은 조선반도를 경유하고 있다고 해도 과언이 아니다. 일청전쟁도 일러전쟁도 모두 그 발단은 조선반도에 있었다. 그런데 현상은 어떤가. (중략) 공산세력은 그 북반을 손에 넣어 38도선에 도달해 있다. (중략) 우리나라의 안전은 안보조약에 의해서 미국의 비호를 받고 있으며, 조선반도의 전선은 유엔군에 그 방위를 맡기고 있기 때문에 유지되고 있는 것이다. 그 때문에 군사부담이 가볍고, 따라서 경이적 경제발전도 가능했던 것이다"라고 회고했다.[9] 경이적 경제발전이 '사상전'의 결과였지, 경무장 경제우선 노선이 있어서 '사상전' 구상이 나온 것이 아니었다.

일본 정부의 대 유엔 협력방침은 일본사회당의 입장과도 크게 다르지 않은 것이었다. 7월 8일의 「조선문제와 사회당의 태도(朝鮮問題と社会党の態度)」라는 문건에서 일본사회당은 '무력행사에 의한 침략을 배격하고, 유엔에 의한 법과

---

9) 吉田茂, 『世界と日本』, 中央公論社, 1992(원본은 番町書房, 1963), 147쪽.

질서의 유지를 정신적으로 지지'한다는 입장을 표명했다. 이러한 태도가 총평의 대미협력 방침을 낳고 있었다.[10] 자민당과 사회당의 대립으로 표현되는 55년 체제는 후방기지로서의 한국전쟁 협력과 관련해서는 구분되지 않는 구조였다.

요시다 시게루와 일본사회당의 '공조'를 배경으로 일본사회는 급격하게 우경화했다. GHQ에 의한 점령개혁하에서 전쟁의 책임을 지고 공직에서 추방되었던 구 군인과 우익들이 한국전쟁의 와중에 복귀해 왔다. 한국전쟁 수행에서 이들의 도움이 필요하다는 것이 미군의 판단이었다. 반면 점령군과 함께 민주화 개혁의 전위에 섰던 일본공산당과 재일조선인에 대한 탄압이 노골화했다.

홋타 요시에(堀田善衛)는 아쿠타가와상 수상작인 「광장의 고독(広場の孤独)」(1951년)에서 다음과 같이 우경화하는 일본의 현실을 드러내 보여주고 있다. "일본은 말이죠… 지금까지도 밑바닥에서부터 흔들리고 있었습니다만, 이 여름을, 특히 조선에서의 전쟁을 계기로 급격하게 기울어져갈 겁니다." "맞아요. 이렇게 주르륵 흘러가는 걸 막아야 해요. 제대로 싸워야죠. 이대로 흘러가서 전면강화가 안되면, 결혼식

---

10) 『社会新報』 1950.7.15. デュラナ・ペテル, 「朝鮮戦争に対する日本社会党の同時代的対応」, 『アジア地域文化研究』 5号, 2008, 44-45쪽에서 재인용.

도 올리지 않고 동거하는 거나 마찬가지예요. 아시아의 수칫거리예요. 얼마나 하찮은 사생아가 태어날지 알 수가 없어요…"

한편 이노우에 미쓰하루(井上光晴)는 1965년의 작품, 「황폐한 여름(荒廃の夏)」에서 전쟁에 동원된 일본인의 무의식을 드러내 보여주고 있다. 장면은 미군 수송선에서 시체 처리를 담당했던 일본인에게 미군이 취조하는 장면이다. "나는 단지 명령을 받고 시키는 대로 했을 뿐입니다. 그것도 거부할 수 없는 상태에서…" 시체 처리 과정의 문제를 추궁하는 미군의 취조에 대한 일본인의 대답이다. 평화헌법의 전후 일본이 한국전쟁이라는 상황에서 강요받은 전쟁 협력의 실체를 의식의 체계에 담기를 거부하는 태도로 읽힌다. 그것이 한국전쟁 망각의 구조다. 그리고 그 결과는 샌프란시스코 강화조약이었다.

이에 대해 가장 격렬하게 싸웠던 존재가 일본공산당의 전위로서의 재일조선인들이었다. 일본공산당은 1951년 10월 지하에서 제5회 전국협의회를 열고, 이른바 '51년 강령'을 채택했다. 이는 일본의 폭력혁명을 목표로 무장투쟁을 전개한다는 내용이었다. 이 군사노선의 무장행동에 가장 전위에서 호응했던 것이 재일조선인들이었다. 일본공산당은 1955년에 제6회 전국협의회를 열어 '51년 강령'의 군사노선을 극좌모험주의였다고 지적하고 방향전환을 했다. 그럼에도 '51년 강령' 그 자체에 대한 명백한 총괄은 이루어지지 않았으며, 이와 함께 군사노선에 동원했던 재일조선인의 문제에 대해서도 아무런 총괄을 하지 않았다. 이들도 '전후 일본의 잊혀진 얼굴'이 되었다.

7. 한국전쟁과 '일본인'

소해부대의 파견이 비밀리에 이루어져 일본인 해상보안청 직원들이 소해부대원으로 '참전'하고 있었다는 사실은 이제 너무나 유명해서 따로 언급할 필요가 없다. 그럼에도 일본인의 '참전' 사실에 대해서는 새로운 사실들이 드러나고 있다. 국가의 경계가 느슨해진 탈냉전, 지구화를 배경으로 한 전개였다. 지구화와 탈경계 현상을 배경으로 국가 간의 전쟁이 아닌, 개인들의 전쟁이 보이기 시작했다.[11]

---

11) Tessa Morris-Suzuki, "Japan and the Korean War: A Cross-Border Perspective," 11-12쪽; Tessa Morris-Suzuki, "Prisoner Number 600,001: Rethinking Japan, China, and the Korean War 1950-1953," *The Journal of Asian Studies* 74(2), 2015.5; Tessa Morris-Suzuki, "A War across Borders," Tessa Morris-Suzuki (ed.), *The Korean War in Asia: A Hidden History*, Rowman & Littlefield Publishers, 2018.2; 「埋もれた記憶 · 朝鮮戦争70年, 朝鮮戦争——日本の民間人 · 少年も戦闘参加, 勃発70年, 米軍極秘文書で明らかに」(毎日新聞, 2020.6.21.); 「隠された『戦争協力』——朝鮮戦争と日本人」(BS1スペシャル, 2019.8.18.).

비록 '조직으로서의 일본인 참전'은 확인할 수 없지만 '개인으로서의 일본인 참전'은 이미 공공연한 사실이다. 히라쓰카 시게하루(平塚重治, 사망 당시 29세)는 1950년 1월 20일, 미 기병 제1사단 E8중대에 페인트 작업 군속으로 불려 나간 뒤 한국전쟁 초기 전투에서 '전사'한 것으로 알려진다. 비슷한 케이스가 작년(2019년 8월 18일 방영) NHK 다큐멘터리 『BS1スペシャル, 隠された"戦争協力"--朝鮮戦争と日本人』 취재반이 입수한 자료로 다수 확인되었다.

일본인의 참전 사실은 송환된 포로 가운데 일본인이 포함되어 있었다는 사실에서도 확인된다. 판문점을 취재했던 영국인 기자가 전하는 이야기 등을 통해 10명 이상의 일본인 포로가 송환포로 가운데 포함되어 있다는 관측이 흘러나왔으나,[12] 휴전 성립 후, 일본인 포로로서 일본으로 송환된 것은 세 명이었다.[13]

1953년 11월 1일자 일본공산당 기관지 『평화와 독립을 위해(平和と独立のために)』에 따르면, 송환된 두 명의 일본인 포로, 쓰쓰이 기요토(筒井清人, 야마구치(山口)현 출신, 당시 23세)와 야스이 다쓰후미(安井龍文, 오사카 출신, 당시 25

---

12) 『朝日新聞』, 1953年 4月 11日. 『朝日新聞』, 1953年 4月 19日.
13) 『朝日新聞』, 1953年 8月 2日. 『朝日新聞』(夕刊), 1953年 8月 17日. 『朝日新聞』, 1953年 8月 24日.

세)는, 미군과 함께 종군하여 한국 전선에서 포로가 될 때까지의 경위에 대해 증언하기도 했다. 야스이의 경우, 그가 속해 있던 제11연대에 한하더라도 '수십 명의 일본인이 수색대로서 고용되어 있었으며 (중략) 제2대대 수색대에 소속된 7명의 일본인 가운데 혼자 살아남고 나머지는 모두 개죽음을 당했다'고 증언했다.[14]

더욱 기구한 것은 일본 제국의 병사로 동원되어 중국 대륙의 전선에 투입되었다가 일본의 패전 이후 국민당 병사, 중국인민군 병사를 거쳐 한국 국방군과 함께 전투에 참가한 마쓰시타 가즈토시(Matsushita Kazutoshi)의 운명이다.[15] 당시 중국인민해방군에는 약 8,000명의 일본인 병사가 존재했고 그 가운데 한국전쟁의 전선에 파견된 사람들이 있었던 것이다. 마쓰시타 가즈토시는 중국 인민군 병사로서 부산 포로수용소에 수용되었던 일본인이었다. 그 존재는 이 시기 국가의 경계를 넘나들며 참전한 '용병'이 존재했음을 알려준다.

아시아의 '사람들'에게 한국전쟁은 국경을 넘나드는 아시아의 전쟁이었다. 여기에서 아시아의 범위는 동북아시아에

---

14) 『平和と独立のために』. 党中央機関誌, 1953年 11月 1日, 朴慶植 編, 『朝鮮問題資料叢書』, 第15巻, [日本共産党と朝鮮問題], アジア 問題研究所, 1991, 181쪽.

15) Tessa Morris-Suzuki, "Japan and the Korean War: A Cross-Border Perspective," 11-12쪽; Tessa Morris-Suzuki, "Prisoner Number 600,001: Rethinking Japan, China, and the Korean War 1950-1953."

국한되지 않는다. 한국전쟁은 만주와 몽골, 오키나와와 타이완을 포함하는 아시아 전역이 전쟁에 직간접적으로 편입되어 있었다. 국가를 주체로 볼 때, 일본의 국가적 관여는 소극적이고 수동적이며 애매한 것이다. 그러나 동아시아의 개인들로 시점을 옮기면, 일본인의 관여는 보다 직접적인 것이었다.

8. 한반도 평화프로세스와 일본

볼턴의 회고록은 일본의 한반도 평화프로세스에 대한 입장과 개입 의지를 보여 준다.[16] 한반도 평화프로세스 초기단계에서 일본은 이미 요소요소에서 개입을 시도하고 있었다. 그러나 한편 그러한 외교는 이른바 한반도 평화프로세스의 '장외'에서 전개되었다. 정전을 앞두고 분주했던 일본 정부의 외교가 '기시감'으로 다가온다.

일본은 다시 '한국전쟁과 일본'의 관계를 묻고 있다. 「朝鮮戦争, 秘録――知られざる権力者の攻防」(NHKスペシャル, 2019.2.3.), 「隠された『戦争協力』――朝鮮戦争と日本人」, (BS1スペシャル, 2019.8.18.), 「埋もれた記憶・朝鮮戦争70年, 朝鮮戦争――日本の民間人・少年も戦闘参加, 勃発70年, 米軍極秘文

---

16) John R, Bolton, *The Room Where It Happened: A White House Memoir*, Simon & Schuster, 2020.

書で明らかに」(毎日新聞, 2020.6.21.) 등이 그것이며, 『週刊金曜
日』(1237号, 2019.6.21.)의 崔善愛 책임편집 「日本と朝鮮戦争」
과, 『週刊金曜日』(1285号, 2020.6.19.)의 「朝鮮戦争70年」 특집은
한국전쟁에 대한 망각이 가져올 '위기'에 경종을 울리는 구성과
내용이었다.[17]

　　한편 올해 들어 한국전쟁 70년을 의식한 내용과 구성을
갖춘 서적들도 출간되었다.[18] 이 가운데, 와다 하루키(和田
春樹)와 마고사키 우케루(孫崎享)의 문제의식에 주목할 필요
가 있다. 한국전쟁은 '동아시아전쟁'으로서, 이를 극복하는 과
정에서 일본이 수행할 역할이 주어지며, 이에 일본이 마주할
준비를 해야 한다는 주장이다.

　　한국전쟁은 종종 '잊혀진 전쟁(the forgotten war)'이라
는 별명으로 불리곤 한다. '잊혀진 전쟁' 안에서 일본은 '숨겨
진 존재(the hidden existence)'이다. 한국전쟁 종식을 논의하
는 가운데 일본의 존재가 여간해서 전면으로 드러나지 않는

---

17) 그 외, 다음 서적들도 그러한 맥락에서 준비되어 출판되었다. 西村
秀樹, 『朝鮮戦争に「参戦」した日本』, 三一書房, 2019.6; 安部桂司,
『日共の武装闘争と在日朝鮮人』, 論創社, 2019.7; 江崎道朗, 『朝鮮
戦争と日本 · 台湾「侵略」工作』, PHP新書, 2019.8.
18) 孫崎享, 『朝鮮戦争の正体──なぜ戦争協力の全貌は隠されたのか』,
祥伝社, 2020.7; 三野正洋, 『わかりやすい朝鮮戦争──民族を分断
させた 悲劇の構図』, 光人社NF文庫, 2020.8; 和田春樹 · 孫崎享 他,
『朝鮮戦争70年──「新アジア戦争」時代を越えて』, かもがわ出版,
2020.6.

것은 이 때문이다. 그러나 문제는 일본이 단순히 '숨겨진 존재'가 아니라는 데 있다. 이 글에서 논의한 바와 같이 일본이 수행한 역할은 결정적이었다. 그리고 그 사실을 지탱한 것은 '국가'가 아니라 '개인'이었다.

일본의 '참전'은 매우 복잡한 문제를 던져준다. 숨기고 싶은 것이기도 하면서 드러내고 싶은 것, 잊고 싶은 것이면서 잊지 말아야 할 것, 아무 것도 아닌 것이면서도 결정적인 것으로서 복잡계(complex systems)의 현실을 구성한다.

한국전쟁을 종식시키는 과정에서 그 복잡계의 현실이 다시 모습을 드러내고 있다.

제2부
한국전쟁과
오늘의 일본:
개념사적 접근

한국전쟁과 오늘의 일본 : 개념사적 접근

권헌익(서울대학교/케임브리지대학교)

I

한국전쟁은 세계사에서 큰 자리를 차지한다. 먼저 오늘날도 그 위상을 견지하고 있는 미국의 군사적 제국으로서의 입지는 그 형성의 역사가 한국전쟁이라는 사건과 밀접하다. 반면에 오늘날 중국의 대국주의적 국가이념 역시 한국전쟁에 기원한다고 주장하는 학자들이 있다. 소련이 상대적으로 소극적인 데 반하여 중국은 한반도의 전쟁에 군사적으로 깊이 개입함으로써 이후 국제사회주의 체제에 균열이 생겼다는 (말하자면 이 체제에 태양이 하나가 아니라 둘이 되었다는) 지적이다.[1] 이것이 1950년대 후반에 이르면 중소분쟁으로 발

---

1) Jian Chen, *Mao's China and the Cold War*, Durham: University of

현되고 나아가서 1970년대 미중 데탕트로 이어졌고, 1990년
대 초 구소련 해체 후에는 오늘날 세계가 직면하고 있는 미중
간의 강대국 힘겨루기 정치의 기원이 되었다는 주장이다.

한국전쟁이 이렇게 지난 세기에 동서를 관통하면서 소
위 제1세계와 제2세계에 공히 구조적 변화를 야기한 사건이
었다면, 유사한 지적을 그 시대의 또 다른 세계, 이른바 제3
세계에 대해서도 할 수 있다. 제3세계의 기원인 1955년 인도
네시아 반둥에서 열린 아시아・아프리카 정상회의는 그 회
합의 중요한 계기가 한국전쟁이었다. 흔히 반둥회의(인도네
시아 말로는 콘페렌찌)라고 불리는 이 역사적 모임의 목적은
아시아와 아프리카의 신생독립국가들이 어떻게 하면 당시
격동하는 세계질서에서 자결권을 지킬 수 있는가에 있었다.
여기에서 첨예한 문제의식 중의 하나가 어떻게 하면 이들 국
가들이 한반도의 운명을 피할 수 있는가이다. 이 문제란 결국
이들 탈식민 국가들이 양극화하는, 강대국 중심의 당시 세계
질서가 자신들의 내적 질서마저 규정하거나 결정하는 것을
어떻게 하면 피할 것인가이다. 특히 버마의 지도자 우누가 명
확히 이해했듯이, 정치공동체가 겪을 수 있는 것 중 가장 첨
예한 위기이자 자기파괴인 민족내전을 피하는 것이 당시 신

North Carolina Press, 2000.

생독립국의 핵심 과제였다.[2]

　20세기의 전과 후를 가르는 바로 그 시점에 발발한 한반
도의 내전은 그렇기 때문에 이 세기의 중·후반 세계질서의
성립에 결정적인 사건이었다. 국제질서라는 거대 영역을 뒤
로하고 가까운 이웃으로 눈을 돌릴 때도 유사한 지적이 가능
하다. 이웃나라 일본이 여기서 주목된다. 여러 역사학자와 국
제관계학 연구자들이 지적하듯이 한반도의 전쟁은 전후(제2
차 세계대전) 일본이 오늘날의 일본으로 자리잡는 데 있어
중요한 사건이었다. 마이클 샬러는 이를 미국의 일본점령정
책을 포함해서 한국전쟁이 야기한 미일관계의 구조적 변화
로 이해하며 접근한다.[3]　반면 신욱희는 1951년 9월 한국전
쟁 와중에 열린 샌프란시스코 회담이라는 사건을 중심으로
이른바 샌프란시스코 체제라는 한중일을 포함한 아시아·태
평양 영역에서 전후 패권체제의 형성으로 이해하며 접근한
다.[4] 논의는 전체적으로 역사적 굴절에 집중하는데, 이것은
일본의 전후 탈제국 과정이 넓게는 아시아의 냉전 그리고 좁
게는 1950-1953년의 전쟁으로 말미암아 어떻게 왜곡되었는

---

2) Richard Butwell, *U Nu of Burma*, Stanford: Stanford University Press, 1963.

3) Michael Schaller, *American Occupation of Japan: The Origin of the Cold War in Asia*, New York: Oxford University Press, 1985.

4) 신욱희, 『한미일 삼각안보체제』(사회평론아카데미, 2019)

가에 대한 질문이다.[5] 이 굴절 과정은 물론 아시아에서만 일어났던 일이 아니라 제2차 세계대전 이후 유럽의 상황(예를 들어, 독일과 이탈리아 그리고 심지어 프랑스에서 전후 과거 청산의 노력이 어떻게 초기냉전에 의하여 좌절되었는가)과 소통하는 부분이 많다. 그럼에도 불구하고 일본의 경험은 그들의 탈제국 과정이 글로벌 정치의 양극화뿐만 아니라 국제적 무력분쟁으로서의 한국전쟁, 이웃에서 일어난 전쟁에 의하여 크게 영향을 받았다는 점에서 특기할 만하다. 남기정은 이를 두고 기지국가로서의 일본의 성립이라고 명한다.[6] 샬러는 이 기지를 전진기지로 이해하는데, 미국의 입장에서 일본이 소련과 중국을 포함한 국제사회주의 세력, 나아가 제3세계의 급진세력과의 대결에서 아시아의 핵심적인 전진기지가 되는 것을 의미한다. 물론 이 지정학적인 의미의 전진기지는 분업체계에 근간을 두는데, 이는 군사적 의미의 일본의 미군기지화와 함께 미 주도의 자유주의 경제체인에서 일본의 전후 경제재건이라는 두 축을 두고 있었다.

---

5) 한국전쟁연구에서 독보적인 브루스 커밍스는 그의 동아시아 냉전의 개념사적 저작에서 이 굴절 과정을 "착시" 현상으로 접근한다. Bruce Cumings, *Parallax Visions: Making Sense of American-East Asian Relations at the End of the Century*, Durham, NC: Duke University Press, 1999.

6) 남기정, 『기지국가의 탄생: 일본이 치른 한국전쟁』(서울대학교출판문화원, 2016)

이들 국제관계사 연구에 더하여 한국전쟁기에 일본의 국내 정치·사회적 환경이 어떻게 급변하는가에 관한 관심도 근래에 증가하고 있다.[7] 한국전쟁이 종종 잊혀진 전쟁이라고 회자되는데, 일본 근대사 연구자 테사 모리스-스즈키가 지적하듯이 이 영역, 즉 일본의 한국전쟁은 정말 까맣게 잊혀진 전쟁이다.[8] 이 영역에서는 재일한국인과 재일조선인 사회의 입지와 운명이 깊게 연관되기 때문에 우리에게도 큰 관심의 대상이 아닐 수 없다. 전체적으로 당시 미국 사회에서 관찰되었던 소위 "비(非) 미국적" 행위와 행위자들에 대한 통제 및 숙청과 흡사한 규율 사회의 형성, 그리고 이 환경에서 제국과 전체주의의 역사와 유산이(프랑스에서 비시 정권 시기의 기억이 1946-1954년 제1차 인도차이나 전쟁 과정에서 재구성되는 것처럼) 재구성되는 현상에 집중한다.

한마디로 한국전쟁으로 인해서 일본은 아시아로 귀환하였다. 앞서 지적한 것처럼 물론 이 귀환은 1945년 이전과는 달리 군사적인 행위가 아니라 군사적인 면을 미국에 위임한 상태에서 주로 경제에 국한된 귀환이었다. 냉전 초기 이 귀환

---

7) Hajimu Masuda, *Cold War Crucible: The Korean Conflict and the Postwar World*, Ithaca, NY: Cornell University Press, 2015.

8) Tessa Morris-Suzuki, "A Fire on the Other Shore?" Tessa Morris-Suzuki (ed.), *The Korean War in Asia: A Hidden History*, Lanham, MD: Rowman & Littlefield, 2018.

은 당시 외교통상 관계가 대부분 단절되어 있던 동북아시아
보다는 동남아시아가 주요 공간이었으며, 비록 미국의 지정
학적 구도 속에서 전개되었지만 그럼에도 불구하고(당시 서
유럽의 몇몇 행위자들이 그러했듯이) 소위 철의 장막에 의하
여 전적으로 통제된 것은 아니었다(그래서 한국전쟁 직후 일
단의 대한민국의 정치지도자들은 일본을 용공세력으로 정의
하기도 하였다).[9]

Ⅱ

앞서 한국전쟁기 일본의 사회변동에 관한 근래의 점증
하는 관심을 언급했었다. 한국전쟁으로 본격화된 일본의 전
진기지화 그리고 이와 병행해서 진행된 일본의 아시아로의
귀환과 동남아시아와의 재연결은 베트남전쟁(제2차 인도차
이나전쟁, 1961-1975)의 시기가 되면 일본 사회에 새로운 변
화를 가져온다. 임마누엘 월러스타인은 그의 1989년 에세이
"1968, 월드시스템의 혁명"에서 1968년 베트남전쟁의 정점에
서 미국과 서유럽의 여러 곳에서 동시다발로 일어난 반전시

---

9) 이혜정 "한미동맹 기원의 재조명: 1954년 (비)합의의사록을 둘러싼
   114일의 한미분규", 서울대학교 사회과학대학 한국정치사 콜로키
   움 제3회, 2020년 12월 4일.

위를 자본주의 세계체제 역사에서 획기적인 전환점으로 제시했다.[10] 주지하듯이 이 "혁명"은 일부 아시아 지역에서도 관찰되었는데 여기서 일본의 학생·시민에 의한 반전운동이 (물론 태국 등 소수의 다른 아시아 국가에서도 소규모 유사한 움직임이 있었지만) 주목된다. 1967-1968년의 사건들이 진정 혁명이라 불릴만한 위상을 갖는 것인가에는 논쟁의 여지가 있을 수 있지만, 주목되는 사실은 아시아에서 거의 유일하게 이 혁명에 동참한 사회가 일본이었다는 것이다.[11] 관련된 또 다른 사실은 일본 사회가 이렇게 이른바 혁명을 겪는 시기에 아시아의 여타 대부분 지역, 특히 일본의 이웃인 동아시아(동남아시아를 포함하는 의미에서, 특히 인도차이나와 인도네시아)는 이 시간을 시민혁명 혹은 시민세력의 저항이 아니라 반대로 내전과 조직적 국가폭력 등의 형식이자 강압적 국가권력의 정점으로 경험했다는 것이다.

이 비교역사적 사실은 동아시아 냉전의 이해에서 흥미로운 문제를 제기한다. 냉전은 20세기 중·후반 세계정치의 구조적 현실을 규정했다. 그러나 냉전의 현실은 글로벌 영역에서 동일한 모습이 아니었다. 아시아의 냉전은 동시대 유럽

---

10) Immanuel Wallerstein, "1968, Revolution in the World-System: Theses and Queries," *Theory and Society* 18(4), 1989, pp.431-449.
11) 남기정 "베트남전쟁의 현실과 일본의 평화담론: 베평련과 전공투를 중심으로,"『통일과 평화』6, 2014, 66-103쪽.

에서 "상상의 전쟁"으로 벌어진 분쟁이 아니라, 이와 대조되는 극히 폭력적인(한반도에서 베트남 그리고 나아가서 아프가니스탄까지) 경험이었다.[12] 따라서 이 두 지역이 겪은 냉전을 동일한 프레임에 귀속시키는 것이 쉽지 않다. 그렇기 때문에 냉전이라는 전 지구적 정치형태에 중요한 지역적 차이가 있음을 인지하는 것이 냉전의 이해에서 중요해진다.[13] 아시아의 냉전은 전체적으로 탈식민 과정이 정치의 양극화 과정과 겹치고 혼재하며 상호 규정하는 의미에서 탈식민적 냉전이었다. 이러한 이중적이고 중첩적인 역사 과정 때문에 아시아의 냉전은 내전의 위기를 포함해서 극렬한 폭력을 수반했는데, 여기서 냉전을 아시아에서 "상상의 전쟁" 내지 "오랜 평화"로 겪은 일본의 경험은 예외이다.[14]

일본의 냉전 경험과 관련한 이러한 지역 내에서의 예외성은 글로벌 냉전의 기존 주류 담론과 조명하면 더욱 흥미로워진다. 이 주류 담론은 유럽의 오랜 평화(혹은 상상의 전쟁)

---

12) Heonik Kwon, "The Violence of the Cold War," L. Edwards, N. Penn and J. Winter (eds.), *The Cambridge World History of Violence*, Cambridge: Cambridge University Press, 2020.

13) Odd Arne Westad, *The Global Cold War*, Cambridge: Cambridge University Press, 2005; Heonik Kwon, *The Other Cold War*, New York: Columbia University Press, 2010.

14) 오랜 평화로서의 냉전은 John Lewis Gaddis, *The Long Peace: Inquiries into the History of the Cold War*, New York: Oxford University Press, 1989를 보라.

로서의 냉전 경험을 20세기 중·후반기 세계사의 중심에 두고, 관련하여 실제 전쟁으로의 냉전(50년대 한반도와 인도차이나, 60-70년대 인도차이나, 그리고 프래드 할러데이가 말하는 70년대 말과 80년대의 제2의 냉전, 즉 중동과 중앙아시아 그리고 아프리카의 광범위한 내전 혹은 내전적 위기)을 냉전체제의 예외적 현상으로 바라본다.15) 예를 들어 저명한 유럽학 학자인 메리 칼도는 저서『새로운 전쟁, 이전의 전쟁』에서 다음과 같이 관찰한다.16)

---

15) Fred Halliday, *The Making of the Second Cold War*, London: Verso, 1981. 상상의 전쟁으로의 냉전은 Mary Kaldor, *The Imaginary War: Understanding the East-West Conflict*, Oxford: Blackwell, 1991를 보라.

16) "TheCold War "kept alive the idea of war, while avoiding its reality. [Noconventional warfare] broke out on European soil. At the same time, many warstook place all over the world, including Europe, in which more people died thanin the Second World War. But because these wars did not fit our conception ofwar, they were discounted… [These] irregular, informal wars of the second halfof the twentieth century [took place] as a peripheral part of the centralconflict. [whereas] that these 'informal wars' are becoming the source of newpost-Cold War bellicosity." Mary Kaldor, *New and Old Wars: Organized Violence in a Global Era*, Stanford: Stanford University Press, 2001, pp.29-30.

냉전은 전쟁의 아이디어를 유지하되 전쟁의 현실은 비껴갔다. [이 시기] 유럽 영토에서는 전쟁이 일어나지 않았다. 동시에 수많은 전쟁이 유럽을 포함하여 세계 곳곳에서 일어났는데, 이 때문에 제2차 세계대전 때보다도 더 많은 사람들이 죽었다. 그러나 이 전쟁들이 우리의 기존 전쟁 관념에 들어맞지 않았기 때문에 고려되지 못했다… 이들 비정규적이고 비공식적인 20세기 후반기 전쟁들은 중앙의 갈등인 [유럽 냉전의] 주변적 현상이었는데, 이 '비공식적 전쟁들'은 탈냉전 시기에 새로운 전쟁 위험의 근거가 된다.

이러한 논지를 따르자면 아시아에서는 극히 예외적인 일본의 냉전 경험을 보다 넓은 비교사 혹은 글로벌 역사의 지평에서 조명하면 전혀 예외적이지 않게 된다는 결론에 다다른다. 나아가서 아시아의 냉전 경험에 아시아적 탈식민 냉전과 함께 유럽의 오랜 평화로서의 냉전 경험 역시 존재한다고 추론할 수 있다. 이 논지가 의미하는 바는 (1) 아시아의 냉전은 아시아적 냉전만이 아니라 유럽적인 냉전 경험 역시 포함하는 것 (2) 그렇기 때문에 글로벌 냉전과 지역적 냉전이 형태적으로 동일한 측면이 있고 (3) 한반도의 냉전 경험과 일본의 냉전 경험 사이의 간극을 이해하는 것은 아시아의 탈식민 냉전과 유럽의 전후 냉전 경험의 차이를 이해하는 것과

분석적으로 상통하는 면이 있다.[17]

III

　　마지막으로 현해탄의 거리가 냉전의 이해 영역에서 태평양과 대서양의 거리만큼이나 머나먼 현실을 생각해보면서 이 엄청난 간극을 어떻게 좁힐 수 있을까 질문할 수 있다. 이 질문은 한편으로는 오늘날의 한일관계, 이 관계의 영역에 존재하는 여러 어려움을 이해하고 나아가서 상호 개선을 모색하는 노력에도 시사하는 바가 많다. 이 어려움은 비록 공적 담론에서 식민주의와 제국, 그리고 이 제국의 무력을 수단으로 한 팽창주의가 야기한 아직도 잔존하는 엄청난 상흔과 주로 관련하고 따라서 탈제국의 과정과는 직접적으로 연계되지 않는다. 그렇지만 앞서 잠깐 언급했듯이 한일이 겪는 상호 역사인식에서의 문제는 바로 이 탈제국의 과정이 초기 냉전과 시기적으로 겹치고 후자에 의하여 굴절된 역사적 현실을 고려하지 않는다면 제대로 이해할 수 없는 것도 사실이다. 따라서 건강한 역사인식은 '가까운 이웃에서 어떻게 모두의 삶을 규정한 냉전이라는 지구적 정치형태를 그렇게 다르게 겪

---

17) 권헌익, "냉전의 다양한 모습,"『역사비평』105, 2013, 221-235쪽.

었는가, 그렇게 다르게 겪을 수 있었는가'라는 질문을 포함해야 한다. 역사적 다양성을 인정하고 이에 관심을 가지며, 나아가서 자신의 특정한 경험에 함몰되지 않고 이를 주변의 다른 경험들과 함께 두면서 다양성에 기반한 이웃 내지 공동체의 경험으로 전진하는 미래를 전망해 본다. 이 노력에서 중요한 것은: (1) 기본적으로 민족 내전, 우리의 전쟁인 한국전쟁이 이웃과 세계에 얼마나 큰 변화를 가져온 세계사적 사건인가를 인지하는 것 (2) 이 엄청난 사건을 모리스-스즈키의 표현으로 "이웃집 불구경"하듯이 겪은 일본 사회가 사실은 이것이 이웃집만의 일이 아니었음을 인지하는 것 (3) 그리고 그들의 탈제국 냉전과 아시아에서 보편화되었던 탈식민 냉전 사이에 큰 간극이 있음을 이해하는 것이다. 나아가서 가까운 지역에 이렇게 역사적 경험이 다양한 것을 명확히 인지하는 것은 반드시 지역의 문제만이 아니다. 이는 하나이지만 동시에 여럿인 글로벌 냉전의 역사적 현실을 이해하는 것과 사실상 동일한 것이다.

종합토론

한국전쟁 70주년 학술회의
〈한반도 정전체제와 '전후' 일본〉

사회 : 박명림(연세대) / 대담 : 남기정 & 권헌익

일시 : 2020년 12월 14일(월) 오후 3시~5시 30분

장소 : 온라인 줌회의

주최 : 서울대학교 일본연구소

정지희: 2부는 연세대학교 박명림 선생님의 토론으로 두 분
발표자 선생님 사이의 대담 형식으로 진행합니다. 청중
여러분께서는 채팅창을 통해 발표자 선생님들께 질문해
주시면 감사하겠습니다. 박명림 선생님은 한국 정치와
동아시아 국제관계 전문가로 지금 연세대학교 지역학
협동과정 교수로 재직 중이십니다. 『한국전쟁의 발발과

기원』으로 1997년 월봉저작상을, 『한국 1950: 전쟁과 평화』로 2003년 한국정치학회 학술상을 수상하신 바 있습니다. 한국전쟁 연구의 권위자이신데, 오늘 이렇게 참여해 주셔서 너무 감사드리고 화면으로밖에 뵐 수 없어서 아쉽습니다. 그럼 앞선 발표에 대한 토론 부탁드리겠습니다.

박명림: 정지희 교수님 감사합니다. 두 분 발표 잘 들었습니다. 내용이나 시각 면에서도 많이 배웠습니다. 오랜 학문적 동료로서 두 분의 글을 읽어왔는데, 『기지국가의 탄생』과 『전쟁과 가족』을 다시 읽으면서 학문적인 기쁨을 많이 느꼈습니다. 제가 오늘 질문 겸 논점으로 여쭤보려는 것을 두 분이 다 말씀을 하셔서 굉장히 곤혹스러운 상황입니다. 그래도 오늘 참석하시는 다른 분들에게 두 분의 학문적인 견해와 관점을 더 명료하게 전달해 드리기 위해 질문을 드리겠습니다.

먼저 남기정 선생님은 한국전쟁 연구에서 실제로 우리가 가장 모르고 있던 점, 즉 일본이 얼마나 중요한 역할을 수행했는지를 전쟁의 기원이나 과정이나 전후체제 형성에 있어서 아마 세계 학계에서 가장 잘 드러내 주시지 않았나 싶습니다. 2015년 제2차 세계대전 종전 70

주년 기념의 큰 학술회의에서도 소개해 드린 적이 있었고 말씀도 나눈 적이 있었는데요.

오늘 여쭤보고 싶은 것은 그런 역할 자체가 아니라 일본에서 두 개의 전후가 작동하고 수용되고 혹은 어느 정도 극복되는 방식에 대해서입니다.

유럽에서의 전후체제는 제2차 세계대전 이후 체제 하나인데, 동아시아에서는 제2차 세계대전 이후 체제와 한국전쟁 이후 체제가 공존하고 길항해서 상당히 더 복잡하고 어려운 질서가 전개된 것 같습니다. 그런데 제2차 세계대전 이후 체제와 한국전쟁 이후 체제는 사실상 국제적으로는 정전체제이면서 동시에 샌프란시스코 체제여서 이것이 과연 일본의 전후 국제관계, 평화 또는 선생님이 평소 말씀하시는 큰 틀에서의 전후 일본에 제2차 세계대전 이후와 한국전쟁 이후, 일반명령 제1호 체제와 샌프란시스코 체제가 어떤 식으로 상호작용을 하는지에 대해 논의가 되면 어떨까 싶습니다. 일본 문제를 포함해서 오키나와 문제 거의 전체가 이 두 개의 전후와 밀접하고 불가결한 문제이기 때문에 조금 더 자세하게 가르쳐 주셨으면 좋겠습니다.

또 하나는 기지국가의 위상과 관련된 것입니다. 만약에 선생님 말씀대로 국제질서를 조금 더 거시적으로 올라

가면 청일전쟁 전후의 중국을 계속 순망치한으로 보는
데 비해, 메이지 유신 이후로는 일본에서 한반도가 일본
을 찌르는 단검 역할을 하거나 대륙에서 튀어나온 전초
역할을 한다고 하는데, 전체 위치에서 볼 때 45년 이전
시기와 이후 시기가 기지국가로서 특정될 때의 성격을
어떻게 봐야 하는지요? 만약에 이것을 상대 진영에서 볼
때 한반도가 쌍방 공히 전초라면 대륙이나 해양 세력 모
두에서 남한과 북한을 전초국가라고 하였고, 그 점에서
한반도의 38선과 휴전선을 — 저는 세계 분할선 혹은 동
북아 분할선이라고 표현하고 있고 민족 분단이라는 표
현을 거의 사용하지 않는 입장인데요 — 그렇다고 할 때
만약 워싱턴이나 유럽을 중심으로 놓을 수 있다면 (일본
과 한국을) 기지국가와 전초국가라고 볼 수 있는 것인지
요? 그럴 때 기지국가는 일정한 매개국가나 거점국가로
봐도 크게 틀린 것은 아닌지? 이것이 전쟁에서의 출격이
나 보급 지원뿐만 아니라 이념이나 시장경제나 자유주
의 국제질서에서도 거점, 매개, 보급, 지원 기지 역할을
할 수 있는 것이라서, 한국전쟁 때도 똑같은 출격, 보급,
지원 기지는 모스크바와 베이징과 평양을 연결하는 정
확한 지점으로서 만주가 역할을 수행했는데, 이러한 매
개 거점 지점을 기지국가 관점에서 앞 시기 전후로 어떻

게 볼 수 있을지 여쭤보고 싶습니다.

그 다음에 저는 한국전쟁의 초기 연구 이후로는 비교적 냉전이라는 표현을 사용하지 않는 편인데요. 이 표현에 대해 여러 차례 논쟁도 했습니다. 이것이 정말 글로벌 히스토리인가. 아까 권헌익 교수님 말씀하신 세계사의 관점에서 보면 특정한 지역에만 존재했던 현상이기 때문에 세계 일반 현상으로 보기 어렵다는 겁니다. 유럽, 소련, 미국, 일본. 유럽도 서유럽 또는 동유럽 일부. 이 정도를 빼놓고는 전 세계가 열전 지대였기 때문에 바로 냉전이라는 이름으로 열전의 본질이 감춰지거나 은폐됐을 때 차라리 유럽, 소련, 일본, 미국의 냉전과 냉전의 산물이었던 다른 지역의 열전을 묶어서 차라리 듀얼워 (dual war, 이중전쟁) 시대라고 표현하는 것이 어떻겠냐고 여러 차례 문제도 제기해 보았습니다.

그래서 저는 한국전쟁을 커밍스(Bruce Cumings)의 '내전론', 스툭(William Stueck)의 '국제전론', 와다 하루키, 남기정 선생의 '동북아 전쟁론'으로 부르는 것을 넘어서, 세계 내전 혹은 세계 시민 전쟁으로 보고 싶은데, 그럴 경우 유럽 냉전, 아시아 냉전의 구별도 그냥 이중전쟁의 관점에서 볼 수 있는 것은 아닌지, 'cold peace-hot war', 즉 냉전의 다른 모습이 아니라 이중 전쟁의 다른 표현으로 보면 어떨지 생각을 해봤습니다. 역사적으로 보면 이전의 전쟁과는 너무나 다른 양상이기 때문입니다. 저는 1789년부터 1989년까지를 세계 내전, 세계 시민 전쟁 시기로 보는데, 만약에 그렇다면 프랑스 혁명에서 제1차 세계대전까지가 권헌익 교수님이 말씀하신 대로 유럽 내전의 시기였고, 이 때의 아시아, 아프리카, 라틴아메리카에서의 전쟁은 제국주의 전쟁이란 말씀입니다. 내전은 거의 존재하지 않죠. 그런데 유럽 내전으로서 제1차 세계대전과 볼셰비키 혁명을 거친 이후로 아프가니스탄 전쟁까지는 전 세계 어느 곳에서나 세계 내전인 것이죠. 그런 제국주의와 현지 토착 세력, 혁명과 반혁명, 좌와 우, 사회주의와 자유주의가 전 세계 곳곳에서 현지의 토착내전과 세계 전쟁의 성격을 함께 띠는 세계 내전이 아닌가. 그렇게 이해할 때에 과연 냉전의 '아시아적' 같은 표현이 가능한 것인지요? 왜냐면 이것은 냉전이 아니고 이미 열전이기 때문이죠. 독일 문서보관소나 콜롬비아, 에티오피아나 동남아국가들에서는 두 번째 한국이 되어서는 안되겠다, 사회주의 진영에서도 두 번째 조선이 되어서는 안되겠다는 기록들이 남겨져 있는데요, 이런 세계적 지평에서의 어떤 갈등 구조 혹은 국제 질서의 관점에서 보면 냉전의 유럽과 아시아를 구별하기보다는 미중 전쟁의 관점에서 이 지역에서의 열전 때문에 그 지역에서는 냉화(콜드 피스)가 유지된 것이라는 점에서, 고대전쟁사에서부터 연구해오며 세계 시민 전쟁 해제의 관점에서 정리를 해봤습니다.

그런 점에서 비추어서 네 번째 질문을 드립니다. 일본 정전체제와 관련해서 저는 남기정 교수님 관점에 전적으로 동의하는 편입니다. 22개 참전국 중에 저는 일본의 비중이 최소한 4등에서 5등은 된다고 봅니다. 미국, 중국, 소련, 영국, 일본이 영향력에 있어서 경쟁을 할 정도로 중요한 역할이라고 보는데요. 그래서 영국과 샌프란시스코 체제, 일본 문제에 대해 질문을 드리겠습니다. 정전체제와 일본의 문제이기 때문입니다. 영국이 샌프란시스코 체제에 한국의 참여를 저지하는 데 있어서 가장 결정적 역할을 했는데, 그것은 오늘날 문제가 되는 홍콩 문제와 직결돼 있지 않습니까? 또 만주 문제와도 연결되어 있습니다. 영국이 북진을 반대했고 만주 폭격도 반대했고 나중에는 핵무기 사용도 반대했죠. 대서양 동맹이 해체될 뿐만 아니라 미국이 2번째 핵무기를 쓰거나 스탈린의 유럽에 대한 공세를 우리가 막아설 수 있을 것인가. 이기는 편에 서겠다, 히틀러가 이기면 그 편에, 스탈린이 이기면 그 편에 서겠다고 하며 어떤 이념에 대한 고려도 국제관계에서 빠져 있을 때입니다. 서세동점 시기에 홍콩 문제에 대해 제국주의로서 자기네가 일정한 압박이나 대가를 치를까 봐 한국이 샌프란시스코 체제나 이 다음에 강화 회담에 참여하는 것을 극구 막았는데 그 앞의 역할에 비춰보면 아시아 냉전이라고 따로 분리하기가 상당히 어려운 것입니다. 제가 지금 여쭤보고 싶은 것은 샌프란시스코 체제 등장에 있어서 얄타 체제의 역할입니다. 전후 일본이 국제사회에 무임 복귀하고 승차하는 일에 있어서 한국전쟁의 역할과 위상을 활용하였고, 이는 스탈린을 막기 위한 것이었습니다. 영국은 그 뒤로도 일관되지 않습니까? 중국을 서구에서 최초로 인정할 뿐만 아니라 아시아 인프라 투자은행에 참여하는 최근까지도요. 영국은 홍콩을 반환한 이후에도 이런 것이 좀 드러나고 있는데, 그래서 영국의 일관된 전략을 비춰볼 때에, 혹은 아까 권헌익 교수님이 말씀하신 글로벌 냉전이나 냉전사의 관점에서 볼 때 사실상 얄타 체제의 '굴절'처럼 (국제관계에서는 변형, 전이 등으로 표현되어 왔었는데) 저는 얄타와 일반 명령 1호 체제의 타협이 샌프란시스코 체제라고 봅니다. 두 개의 냉전이 존재한 게 아니라 얄타 체제와 일반 명령 1호 체제가 타협을 해서 새롭게 등장하는 것이 아시아 태평양

지역의 냉전체제 혹은 냉전 질서로서의 그런 국제관계 질서로서의 샌프란시스코 체계입니다. 권헌익 교수님께서 가르쳐 주시면 감사하겠습니다.

마지막 질문을 드리고 싶습니다. 남기정 교수님. 1948년에 이승만-요시다, 또는 65년에 박정희-기시, 사토, 그리고 98년 김대중-오부치 때의 한일관계에서 돌파구(breakthrough)를 만들었는데, 저는 선생님 말씀대로 한일 관계가 독불관계, 천년 원수였던 영국과 프랑스 관계처럼 한일관계가 동아시아 평화나 세계 평화에 기여할 수 있는 길이 있을 것 같습니다. 질문을 드리자면, 지소미아나, 경제 문제나, 위안부 문제나 강제징용공 문제를 동아시아 평화의 관점에서 같이 볼 때 2018년 한국 대법원의 판결이 일본의 오랜 주장 아니었나요? 샌프란시스코 강화조약이나 일소공동선언이나, 한일청구권에 대해서 일본 정부 내각이나 법원의 일관된 해석이 청구권협정으로 개인의 청구는 소멸되지 않는다는 것인데, 2007년에 최고 재판소 판결도 중국인 피해자와 니시마츠 건설(西松建設)에 대해서 한 것을 보면 우리 대법원과 크게 다르지 않게 보편적 인권과 국경을 넘는 외교 국제관계를 어떻게 결합할 건가를 다룹니다. 그래서 저는 지금 바이든 시대를 맞이해서 다자주의나 인권의 보편적 가치, 미중 협력 공간이 일본과 한국이라는 기지국가와 전초국가가 공동으로 역할을 할 경우에 생기지 않을까 생각해 보았습니다. 이런 마지막 질문을 준비했는데 권헌익 선생님 발표에 놀란 것이, 안중근도 동양평화론에서 광역 아시아를 이야기합니다. 동남아와 동북아가 연결되는 접점에서 광역 동양평화를 이야기할 때 훨씬 한국과 일본의 역할이 크지 않을까 하는 생각을 해봤습니다. 제 질문은 이상입니다. 감사합니다.

정지희: 감사합니다. 큰 질문들을 많이 해주셨습니다. 일단 제2차 세계대전 이후에 한국전쟁 이후 체제가 어떻게 상호작용하는지, 그리고 기지국가의 위상에 관한 문제를 물어봐주셨구요, 그다음에 냉전을 세계 일반의 현상으로 보기 어렵기 때문에 오히려 냉전이라는 이름 하에 더 폭넓은 열전의 본질이 감춰져 있는 게 아닌가라고 선생님은 보고 계시기 때문에, 냉전과 열전을 하나로 묶어서 이중 전쟁 체제로 본다면 오늘 말씀하신 그런 냉전론을 어떻게 다시 생각해 볼 수 있을까라는 질문을 던져주신 것 같습니다. 네 번째가 일본과 한국의 정전제제를 생각할 때 영국의 역할이라든지 샌프란시스코 체제 등장에서 얄타 회담의 역할에 대해 질문해 주셨고, 다섯

번째가 정전체제를 넘어서 이제 평화프로세스로 가는 문제에 대한 질문이었고, 마지막으로 예전에도 광역 아시아 개념이 이미 나왔는데 이런 틀에서 한국과 일본의 냉전 문제를 어떻게 생각할지 질문해 주신 것 같습니다.

남기정: 굉장히 큰 문제들을 많이 던져주셨는데요. 지금 제가 정리를 제대로 해낼 수 있을지 모르겠습니다. 그런데 질문 주신 것 속에서 제가 지금 돌파하지 못하는 부분들을 짚어주신 것 같아요. 그래서 대답 속에서 만약에 조금 제가 스스로 힌트를 얻을 수 있다면 다음 작업을 하는데 큰 도움이 될 것 같다는 생각이 좀 들면서 정리를 해보겠습니다. 먼저 제가 정리하기로는 이런 질문들이었던 것 같습니다. 4가지 정도가 있었습니다. 정전과 냉전의 문제 혹은 관계, 두 번째는 저의 용어입니다만은 기지국가와 전장국가와의 관계 문제, 세 번째가 얄타 체제와 샌프란시스코 체제의 문제, 네 번째가 한국과 일본의 관계를 시기적으로 어떻게 정리해야 되겠느냐라는 질문을 주신 것 같습니다.

차례로 말씀드리면, 아마도 그 이야기 사이에 연결되는 것도 있고 약간 충돌하는 지점이 있을 것 같다는 느낌이 듭니다. 그래도 말씀드리자면, 정전과 냉전이 아시아에서는 서로 다른 논리를 가지고 있었으나 부분적으로 겹치는 것이었다고 하는 걸 제가 줄곧 주장을 해 왔습니다. 그런 의미에서 저는 동아시아 냉전사를 냉전의 단일한 역사로만 서술하는 데 대해서 다른 관점을 제기하고 싶었습니다. 이것을 전제로 말씀드리면, 한국은 글로벌한 냉전을 정전으로 살았다고 할 수 있겠고 일본은 정전이라고 하는 것을 냉전으로 살았다고 얘기할 수도 있습니다. 쉽게 말씀드리자면 그렇다는 것입니다. 그렇기 때문에 국가적 과제로 보면, 한국은 한국전쟁이라고 하는 전쟁에서 생존하는 게 목표였다고 한다면 일본의 목표는 전쟁에서 빠져나오는 게 목표였다고 할 수 있겠죠. 그리고 냉전체제와 정전체제라고 하는 것은 사실 이 두 가지가 거의 같은 시기에 성립이 되는 시스템입니다. 그리고 서로가 서로에게 굉장히 긴밀하게 영향을 주고 있던 체제인 거죠.

샌프란시스코 체제라는 이름의 동아시아 냉전체제는 1952년도에 만들어지고, 정전체제라고 하는 건 53년도에 성립됩니다. 그런데 한국전쟁의 와중에서 샌프란시스코 체제가 만들어지고, 샌프란시스코 체제가 형성되는 와중에서 한국전쟁이 종결되었습니다. 이를 배경으로 일본에서는 '전후'체제라는 것이 만들어지고, 이에 대응하듯 정전체제가 형성됩니다, 52년과 53년이라는 1년을 전후한 시점에 냉전과 정전이라는, 서로 약간의 논리가 다른 체제가 차례로 성립한 것입니다.

그래서 이것이 아마 어떻게 보면 유럽적인 냉전의 논리와 비교할 때 가장 다른 아시아적 상황이었다고 생각됩니다. 그런 의미에서 보면 한국전쟁 정전체제라고 하는 것은 가장 아시아적 논리가 관철되는 질서였다고 해야 할 것 같습니다. 굳이 구분하자면 한국전쟁 정전체제는 아시아적 논리에서 만들어진 것이고 여기에서 빠져나가는 것이 일본의 목표였으며, 유럽적인 논리 속에 스스로를 자리매김하는 과정에서 샌프란시스코 체제를 일본이 획득했던 것이라 할 수 있겠습니다. 그렇게 보면 샌프란시스코 체제라고 하는 것은 미국이나 영국 등 유럽적인 사고가 만들어냈다는 것에 동의하면서도 저는 그것은 부분적으로는 일본이 만들어낸 체제라고도 생각합니다. 일본을 점령한 미국을 통해 일본의 국익을 실현한다는 요시다 시게루 일본 정부가 만들어낸 체제로서 샌프란시스코 평화조약 체제가 탄생했다는 것을 잊지 말아야 할 것 같습니다. 그런데 그것이 한국전쟁을 배경으로 만들어졌고, 일본의 한국전쟁에 대한 관여가 매우 애매한 형태였다는 것이 샌프란시스코 체제와 정전체제의 중복과 반발의 구조를 만들었다고 얘기를 할 수 있을 것 같습니다. 좀 복잡한 말씀이지만 이렇게 정리할 수 있을 것 같고요.

그 다음으로 일본이 기지국가일때 한국이 전장국가라고 한다면 이 둘 사이의 관계는 어떻게 이해할 수 있느냐는 질문을 주셨는데, 기지로서 일본의 역할을 미국의 공식 전사는 '후방지원의 요새'로 기록하고 있습니다. 그런데 요새라고 하는 개념은 전쟁의 역사에서 여러 단계로 발전해 왔다는 것을 알았습니다. 그래서 여기에서 힌트를 얻어 일본이 한국전쟁의 후방기지로서 어떤 역할을 했는지 확인해 봤습니다.

일본은 전쟁 초기에는 출격기지였고, 점차 수송기지였고, 보급기지였고, 생산기지 등의 역할을 수행하다가 사상전의 기지로까지 발전하게 됩니다. 그런데 이를 어떻게 분석적으로 이해할 수 있는가 고민을 하다가 인류사에서 요새라고 하는 것이 대체로 세 가지의 발전 단계를 겪어서 만들어졌다는 것에서 힌트를 받아 이렇게 정리해 봤습니다. 우선은 피난처로서 요새입니다. 누군가의 공격을 받는 등, 무슨 일이 있었을 때 우선 피신하러 들어가는 것이 요새입니다. 그 다음에는, 피난 후 태세를 가다듬어 출격해 나가는 출격거점으로서의 요새가 있습니다. 그리고 마지막으로, 장기전에 대비해서 여러 요새를 이어 만드는 진지로서의 요새가 있습니다. 즉 요새는 인류사를 통해, 피난처, 출격거점, 진지의 형태로 발전해 왔던 것입니다. 이렇게 보면, 일본은 한국전쟁 전 기간을 통해 차례로 피난처, 출격거점, 진지의 역할을 수행했다고 할 수 있습니다. 특히 일본은 한국전쟁이 끝날 무렵에 성립하는 정전체제에서 진지의 역할을 부여받고 국제사회에 독립국가로 복귀해 오게 됩니다. 그러나 일본이 복귀한 국제사회는 미국을 중심으로 한 자유민주주의 진영이었고, 일본은 여기에서 사상전의 전선 역할을 자임했던 것입니다. 요시다는 백병전에 참전하지 않는 대신 사상전의 전선이 되겠다는 생각을 하고 있었던 것입니다. 그런데 이 사상전이라고 하는 게 그런 의미에서 굉장히 유럽적인 것이었습니다. 그리고 그것은 냉전에 조응한 전쟁의 형태였고, 후방기지가 아닌 전장에서 벌어지는 백병전은 매우 아시아적인 것으로 인식되었던 것입니다.

이런 경위에서 일본 국민의 전후 심성이 만들어집니다. 즉 일본 국민들은 전후 일본이 평화국가로 거듭났고 문명국가로 나아갔다고 생각했습니다. 그리고 이는 그들이 달성하고 싶었던 유럽적 표준의 새로운 국가였습니다. 일본 국민은 이에 대한 자부심을 갖기 시작했다고 할 수 있습니다. 반면 옆에서 벌어지는 전쟁에 대해서는 아시아적인, 미개한, 야만의 전쟁이라고 생각을 하게 됩니다. 그러니까 백병전으로 치러지는 아시아적인 전쟁이 있었고, 전장국가로서 한국은 아직 덜 문명화한 야만의 영역에 있는 국가였던 것입니다. 반면 일본은 기지국가로서 한반도에서 치러지는 동북아시아 전쟁을 한반도의 외부에서 사상전의 형태로 수행하고 있었습니다. 기지국가에서 수행하는 사상전이라고 하는 것은 자유주의를 수호하는 전쟁이었습니다. 즉 리버럴리즘입니다. 국제사회에서 자유주의를 수호하는 역할, 즉 리버럴 인터내셔널 오더를 수호하는 전위로서의 일본 이미지는 그렇게 만들어졌습니다. 지금 현재 일본인들이 입에 달고 사는 말이 리버럴 인터내셔널 오더라는 겁니다. 그 연원이 한국전쟁을 기지국가로 수행한 일본의 모습에서 보입니다.

그런데 제가 생각하는 것은, 이게 굴절이나 탈구나 왜곡 같은 말하고도 연결되는 부분이라 생각됩니다만, 일본이 스스로를 리버럴 오더의 수호자라고 생각하는 것은 사실은 1952년, 53년에 갑자기 만들어지는 것이 아니라, 그 기원은 1920년대의 일본 외교에 닿아 있습니다. 제1

차 세계대전이 끝난 뒤 1919년 파리평화회담의 결과 국제연맹이 탄생합니다. 그런데 이러한 움직임은 러시아 혁명과 여기에서 희망을 발견한 반제 민족주의 움직임에 대항한 것이었고, 이것이 이른바 리버럴 인터내셔널 오더의 기원이었습니다. 그런데 일본은 이러한 움직임의 중심에 있었습니다. 이후 일본은 1930년대 후반부터 1945년까지 약간의 일탈을 예외로, 거의 100년 동안 지속된 자유주의 국제질서 속에서 생존과 안전과 번영을 확보했던 것입니다. 샌프란시스코 평화조약의 성립은 일본이 다시 자유주의 국제질서의 품에 안기는 것이었고, 냉전의 논리에 적극 동조하는 것이었습니다. 이는 다시 일본이 아시아에서 빠져나가서 유럽 중심의 세계사 속에 들어가는 것이었죠. 이 부분은 선생님께서 말씀하시는 '아시아로 돌아왔다'는 부분과 약간 충돌을 일으키는 지점인지도 모르겠습니다.

그래서 후방기지에서 사상전이라는 형태로 일본이 싸웠던 건 냉전이었고 전장에서 백병전의 형태로 한국이 싸웠던 것은 정전이었습니다. 기지국가 일본이 사상전으로 치른 전쟁이 냉전이라고 한다면, 전장국가 한국이 백병전으로 치른 전쟁이 정전이었던 것입니다. 그렇게 보면 우리는 2018년도에 시작한 한반도 평화프로세스를 통해 정전을 극복하는 것을 목표로 삼았던 것에 비해서 일본은 냉전을 통해 유지되던 자유주의 국제질서를 유지하는 것을 목표로 삼았던 것입니다. 즉 일본은 자유주의 국제질서를 지킨다는 명목으로 한국전쟁 이래의 사상전을 치루고 있는 것입니다. 2018년도 이후 한국과 일본의 전선은 여기에서 만들어진 것이라고 할 수 있습니다. 그것은 기지국가와 전장국가의 갈등이라고 할 수 있습니다. 1965년 체제가 기지국가와 전장국가의 협력이라고 한다면, 2018년 이후의 한일관계는 한반도 정전체제를 전제로 기지국가를 벗어나 보통국가가 되려는 일본과 이를 해체하고 전장국가로부터 벗어나려는 한국 사이의 갈등이라고 할 수 있겠습니다. 그런데 문제는 기지국가도 전장국가도 스스로의 존재를 벗어나기 위해서는 기지국가와 전장국가의 매개가 되어 있는 동북아시아 전쟁으로서 한국전쟁을 함께 극복하지 않으면 안된다는 사실입니다. 이를 위해서는 국민국가를 넘어서는 시점에서 한국전쟁을 이해할 필요가 있습니다. 동북아지역의 관점에서 한국전쟁을 다시 이해할 필요가 있습니다. 그러기 위해서 한국과 일본은 스스로를 이해하고 자신을 구속해 온 역사를 극복하기 위해서라도 서로 필요한 존재라고 할 수 있습니다. 그러한 시점이 한국에도 일본에도 모자란 것이 문제라고 할 수 있습니다.

또 박명림 교수께서 얄타 체제와 샌프란시스코 체제를 언급하면서 얄타 체제와 일반명령 1호의 타협이 샌프란시스코 체제라고 하는 말씀을 해주셨지만, 제가 보기에 이 두 체제의 논리 사이에는 상당히 다른 차이가 있었고, 그 차이는 소련이라고 하는 세계사적으로 예외적인 존재를 염두에 두지 않으면 설명이 잘 되지 않는다고 생각합니다. 얄타 체제가 소련과의 협력, 유럽과 소련의 협력이라고 한다면, 샌프란시스코 체제라고 하는 건 유럽적 질서 속에서 소련을 제외시키는 질서였다고 이야기할 수 있겠죠. 그러니까 사회주의 국제질서에 대항하고 이를 배제하는 리버럴 인터내셔널 오더(liberal international order)를 순화시켜 표현한 것이 샌프란시스코 체제였다고 한다면, 얄타 체제는 이 두 질서가 중첩하는 부분을 용인하는, 세계사적으로 보면 예외적인 시기였다고 저는 이해합니다. 그러니까 오히려 일반명령 1호는 얄타 체제의 부속물 같은 것이었다고 할 수 있습니다. 얄타 체제의 또 다른 부속물이 미소공동위원회였다고 할 수 있습니다. 그러니까 일반명령 1호와 미소공동위원회는 얄타 체제의 필수품이면서 두 개로 하나인 구조로 되어 있었다고 봅니다. 미소 협조의, 유럽적 질서와 소련이

타협하던 얄타 체제가 무너지는 건, 중국이 그 사이에 들어오면서부터입니다. 얄타 체제는 1950년 2월에 중-소 우호동맹조약이 맺어지는 시점에서 완전히 와해되었고, 한국전쟁을 거치면서 한반도 정전체제, 동아시아 냉전체제가 탄생되었던 것입니다. 그런 의미에서 샌프란시스코 체제는 얄타 체제의 부정으로서 존재하고 있다고 이야기할 수 있을 것 같습니다.

마지막으로 한일관계를 말씀드리자면, 1948년에 이승만-요시다 관계, 1965년도 박정희-기시 관계, 1998년 김대중-오부치 관계는 제가 생각하기로는 이렇습니다. 아까 청일전쟁에서부터 동아시아의 근대가 시작된다는 말씀을 드렸는데, 한국 입장에서 봤을 때, 이게 본래 근대국민국가 형성과정에서 통합되어 달성되어야 할 두 가지 과제인 근대화와 자주화의 과제가 일본에 의한 개항과 식민지 지배를 겪으면서, 서로 분열되어 상쇄하는 관계가 되어버린 것을 우리가 겪었습니다. 굳이 말씀드리자면 근대화라고 하는 건, 보통 우리는 서구화라고도 이야기하는데, 유럽적 보편 질서로 나아가려는 힘인 것이죠. 이것이 왜곡된 형태로 추진된 것이 청일전쟁 이후의 근대화 시도들입니다. 자주화라고 하는 건 어떤 의미에서는 반대 방향이라고 할 수 있는데, 아시아적인 방향으로 나아가려고 하는 것이라고 할 수 있습니다. 이 과제가 설정된 것이 러일전쟁 이후였습니다. 청일전쟁과 러일전쟁 두 가지를 겪으며 근대화와 자주화가 유럽적 방향과 아시아적 방향으로 분리되고 상쇄되는 민족사의 질곡으로 들어가게 됐던 것이라고 할 수 있겠습니다. 이러한 분열과 상쇄의 구조 속에서 이승만이 추구했던 것은 제가 보기에 역설적이게도 자주화라는 방향이었고, 탈식민이라는 방향의 극한으로 가는 아시아적 방향이었습니다. '국부(国父)'라는 말이 이를 상징한다고 생각합니다. 이를 상대했던 요시다는 일본의 유럽화와 아시아로부터의 탈출을 시도했습니다. 그는 군부가 추구했던 대아시아주의를 거부하고 다시 탈아입구를 추진했던 지도자였기 때문에, 이것이 요시다와 이승만의 충돌의 한 원인이었죠. 거꾸로, 박정희는 근대화를 극단적으로 추진했던 사람으로 저는 이해합니다. 그런 의미에서 굉장히 서구적 보편을 국가적 목표로 삼았던 측면이 있죠. 물론 반론이 있을 수 있겠습니다만, 굳이 이승만과의 차별점을 말씀드리자면 저에겐 그렇게 보입니다. 거기에 상대했던 기시는, 박정희와 기시를 만주 인맥으로 동일시하는 논리가 있긴 합니다만, 기시는 아시아적인 사람이었습니다. 요시다가 설정한 탈아입구를 수정해서 일본을 아시아로 다시 끌고 가려고 했던 사람입니다. 그러니 박정희가 추구한 근대화의 방향과 기시가 추구했던 아시아주의라는 방향이 사실 상충된 부분이 있었다고 생각합니다. 그런데 이 두 사람을 매개한 사람이 사실은 요시다였다고 생각합니다. 박정희와 요시다의 관계는 한국에서는 잘 보이지 않는 부분입니다만, 기시와는 다른 방향에서 박정희를 받아들이고 있습니다. 이케다에게 여러 가지로 조언을 하면서 박정희의 한국과 관계를 정상화하는 게 일본에게 유리하다는 것을 주장하고 있었습니다. 그런 의미에서는 박정희와 기시의 뒷면에 요시다가 있었다고 말씀드려야 될 것 같습니다. 1965년 체제는 박정희와 요시다와 기시 세 사람의 합작품입니다. 그걸 극복하는 방향으로 나아갔던 사람이 김대중과 오부치가 아니었는가 생각합니다. 김대중은 정전과 냉전이 중첩되어 있다는 걸 이해하고 있던 지도자였고 그런 의미에서 아시아화와 유럽화라는 걸 동시에 추구해야 한다는 것을 정확히 이해하고 있었던 사람이라고 생각합니다. 일본과의 관계에서는 자주화의 실현을 위한 과제를 추구하면서 북한과는 근대화의 과제를 함께 추구하자고 설득했던 것입니다. 저는 김대중의 햇볕정책은 자주화의 발로가 아니라 근대화의 발로라고 생각합니다. 민족공동체로서 근대국가 건설이라는 근대화의 과제를 목표로 삼았던 것이죠. 북한과 함께 근대화를 완성하자는 것이었습니다. 그런 의미에서 김대중은 근대 이래 한반도의 역사에서 분열되었던 두 가지 과제를 하나로 모아가려고 노력했던 사람입니다. 일본의 오부치도 제가 보기엔 그런 사람이라고 생각합니다. 전후 오랜 기간 요시다 라인에 입각해서 탈아입구에 안주하던 일본을 다시 아시아의 일원으로 복귀시키려는 노력을 했던 사람으로 이해합니다. 오부치가 만들려고 했던 '21세기 일본의 구상'에서 일본의 국익은 아시아 국가들과의 인교(隣交)에서 실현된다는 생각을 피력했던 사람입니다. 여기에서 오부치의 지향이 김대중의 지향과 맞았던 것입니다. 그 결과 만들어진 것이 김대중-오부치 공동선언이라고 봅니다. 어떻게 보면 우리가 나아가야 할 방향이 그런 방향이라고 생각되는데, 불행히도 한국도 일본도 김대중과 오부치가 갖고 있던 생각, 즉 유럽적 지향과 아시아적 지향을 통일시키는 구상이 결여되어 있는 것이 문제가 아닌가 생각됩니다. 이상입니다.

정지희: 감사합니다. 권헌익 선생님 답변하실 것이 있으신지요?

권헌익: 저는 이야기할 게 많이 없습니다. 선생님께서 말씀하신 것을 소화하느라 정신이 없습니다. 역사학자들에게 존경심을 다시 한번 갖게 되는데요, 공간과 시간을 같이 연결하시면서 나오는 이야기가 시사하는 바가 굉장히 많네요. 저는 간단하게 아까 박명림 선생님께서 말씀하신 세계 내전의 차원에서, 저도 요즘 한국전쟁의 차원에서 코젤렉의 개념사를 소개하고 있습니다(냉전이 세계내전이고 그 시작과 전개의 중심에 한국전쟁이 있다는 것). 코젤렉은 대개 칼 슈미트 계보에 있다고 이야기되는데 제 생각엔 그렇지 않은 것 같아요. 조금 전에 말씀드린 건 남기정 선생님이 다 말씀하셨기에 저는 크게 할 이야기가 없고, 마지막에 유럽과 아시아, 김대중-오부치 말씀하시면서 예외적으로, 아시아를 생각하면서 동시에 유럽을 생각하는 두 지도자가 나왔던 이 시대가, 그러니까 결국에는 역사인식에서 "이런 식의 사고를 해야 한다"는 당위로도 전개되는 것 같습니다. 지도자뿐만 아니라, 연구하는 사람도 그렇고 점점 많은 시민사회 세력이 이렇게 돼야 한다는 것 같습니다.

그런데 만약 이런 인식의 토대가 있다면 아시아에 살고 있다는 것이 우리의 지리적 운명이지만 근대에 살고 있으니까 동시에 전부 유럽적으로 살고 있는데, 가능하면 이웃도 봐야 되지 않습니까. 이웃을 보면서 자기만 생각하는 것이 아니고요. 작년에 레비스트로스 강의를 하면서 루소를 다시 들여왔었는데, 근대인들의 문제가 루소가 이야기하는 자기편애주의, 즉 근대인은 자기만 생각하는데 너무 익숙하고, 근대인은 근대만 생각하고, 근대 사회가 고정한 민족국가 성원들은 (민족과 국가의 의미에서) 자기중심적인거죠. 여기서 보편인이 되는 것이 너무 힘들다면, 보편인이 되는 것이 곧 이웃을 바라보는 것과 거의 형식이 동일하다고 볼 수도 있고, 이 한일 간의 관계 지표가 얼마만큼 동북아시아의 영역을 넘어서 세계의 큰 문제인가 하는 것을 양쪽의 깨어있는 시민들이 이해를 하도록 할 수 있을까. 그래서 그 과정에서 한국전쟁이라고 표현하는 이벤트가 굉장히 중요한 거고 그리고 그걸 통해서 선생님이 말씀하신 정전체제, 냉전체제 등 개념들을 따라가면서 이것을 어떤 언어로 표현을 해야 가장 임팩트가 있을 것인가 하는 그런 고민을 할 수 있습니다.

일본에서는 일단 러일전쟁이 너무 중요한 전쟁이고, 청일전쟁은 아시아의 최고가 되는 전쟁이니까 또한 중요한데, 해외 학계에서도 청일전쟁을 중요하게 생각하는 분과 러일전쟁을 중요하게 생각하는 분들이 조금 다른 것 같습니다. 전체적으로 러일전쟁에 들어가면 아시아 주의와 인종 문제가 들어가기 때문이죠. 그런데 청일전쟁이라 하면 조금 의미가 좀 다르지 않습니까. 그래서 선생님께서 이렇게 전개를 하시는 이유가 역사에 관심 있는 정책연구자로서도 그렇지만 어떻게 하면 이러한 굉장히 심대한 주제들을 역사에 관심 있는 일본 대중 혹은 시민, 세계 시민적인 역량이 있는 그런 시민들에게 전달할 수 있을지 우리 모두 고민할 수 있습니다.

그런데 여기서 제가 요즘 좀 고민을 하는 것은, 아까 초반에 제1차 세계대전을 말씀을 하셨는데, 제1차 세계대전 연구에서 일본이 열강과 대등한 존재가 될 때, 다른 한쪽에서는 우리를 대등한 존재로 인정을 해달라는 엄청난 움직임이 있었다는 겁니다. 그러니까 (일본처럼) 제1차 세계대전에 참전함으로써 대등한 존재가 되는 것이 아니라 우리의 1919년 3.1운동과 같은 것입니다. 3.1운동은 사실 우리만의 일이 아니었습니다. 중국의 5.4운동이나 베트남과 서남아시아 등에서도 유사한 일이 있었던 전 지구적인 사건이었습니다. 강대국 정치에서 대등함, 반대로 서발턴적인 대등함. 이 둘이 모두 민족사가 아니고 글로벌 역사였었는데, 그렇다면 이 차이를 어떻게 세계인으로서 생각할 수 있을까. 그러니까 힘의 중심에서의 세계인과 종속의 굴레를 벗고자 하는 의미에서의 세계인은 좀 다르지 않습니까. 거기서 서로 이해를 하되 그렇지만 미래를 위하고 21세기 지구를 위해서 자유 평등의 원칙에 방점을 찍고 그렇게 하면서 서로 교환을 하더라도, 무게는 차이와 함께 평등에 두는 실천이 있어야 할 것 같습니다.

그리고 마지막에 박명림 선생님께서 좋은 말씀을 많이 해주셨는데, '세계 내전'이라는 것에 대해 저는 칼 슈미트 영역에서는 좀 저항을 하고 있습니다. 조지 오웰이 『1984』를 쓰고 '콜드 워(Cold War)'라는 개념을 제기합니다. 사실상 '콜드 워'라는 개념은 국제사, 국제관계사 하시는 분들이 따와서 말씀하시는데, 조지 오웰이 사실 그 이야기를 한 것이 나름 아이러니컬한 얘기였거든요. 저작 내용으로 본다면 1984년 그 자체가 세계 내전이었는데, 그것도 이중적인, 양가적인 내전이었습니다. 즉 그 안에서도 평화로운, 평화가 아닌 평화로운 곳도 있었고(또한 실제로 내전적 상황도 있었습니다). 그렇기 때문에 인문사회과학 전반에서 문학의 그런 아이러니컬한 측면을 좀 경시하지 않았는가 하는 생각이 듭니다. 이 정도로 하겠습니다.

정지희: 박명림 선생님 혹시 지금 답해주신 것과 관련해서 추가 질문 있으실까요?

박명림: 사실은 지금 남기정 선생님 말씀을 들으니까 이해가 잘 되었습니다. 사실 그래서 질문을 드렸던 것인데, 요즘 왜 피터 카첸슈타인이 전후 일본을, 전후 서독, 타이완, 한국을 반주권국가라고 했는가, 이 개념만 갖고 연세대에 모셔서 한 번 토론을 해본 적도 있습니다. 물론 그 이전에 역사적으로 국제학법에서 헨리 휘튼이 잘 정리했지만요. 그래서 제가 질문을 드리는 건데, 주권을 완전히 갖고 있지만, 국제법적으로, 실행에 있어서 제약이 있을 경우에는 반주권국가라고 할 수 있다. 그러나 주권 국가가 아닌 것은 아니다. 이 개념을 보면서 일본이 국제적인 자유주의 관념과 질서를 수용했는데도, 왜 휘튼하고 카첸슈타인을 생각하느냐면, 앞에 일본이 공간이 열렸을 때는 대동아공영권하고 세계전쟁으로 갔거든요. 이걸 깊이 고민해 보니까 반주권국가가 아니었을 경우에, 샌프란시스코 체제에 미국과 유럽의 압력이 들어와있지 않았을 경우에도 과연 일본이 이 대동아공영권이랑 제2차 세계대전으로 갔을지. 물론 그때는 승전국가였으니까 다르지만요. 김대중 대통령도 늘 공개적

으로나 대담에서 말씀한 게 일본의 전후 평화, 국제 평화 기여를 인정해야 한다는 것인데, 저는 그런 식으로 같이 봐야 되지 않나 합니다. 일본의 평화주의, 평화국가, 평화헌법의 어떤 적극적인 측면과 동시에 이런 제약적인 측면도 좀 같이 봐야하지 않나 하는 점에서, 그 두 시기가 바로 선생님이 말씀해 주신 이 자유주의 국제 질서의 차이 때문에, 또 이 샌프란시스코 체제가, 얄타 체제는 붕괴되었지만 탈냉전 이후에도 지속된 데에는 그런 측면이 있지 않았나 해서 여쭤보려고 했던 겁니다.

개념사와 관련해서는 저는 권헌익 교수님 말씀에 전적으로 공감합니다. 그런데 제가 이 질문을 드렸던 것은, 오벌린 칼리지에서 개디스 선생님하고 크게 논쟁을 했는데, 제가 긴 평화(long peace)는 없다, (그것은) 잘못된 평화(wrong peace)다 했더니 이 분이 조금 격분하셨어요. 다른 세계 모든, 아프리카, 중동, 동남아, 동북아, 라틴아메리카 전쟁에 당신들은 그 어떤 승화 효과로서 평화를 누린 건데, 이 열전을 왜 냉전이라고 하는지, 당신들이 얼마나 중심 국가인지를 비판했어요. 제가 이걸 집중적으로 생각하는 이유는 두 가지 때문입니다. 질문드려보고 싶은 게 칼 슈미트나 코젤렉, 특히 칼 슈미트의 세계시민전쟁 관점보다는, 그 이전에 이미 막스나 레닌에서 세계혁명, 세계계급투쟁, 세계내전 개념이 아주 정교하게, 특히 레닌에서 나왔기 때문에, 이 두 개를 다 비판하는 (관점에 대해서입니다). 선생님께서 조지 오웰을 예로 들어주셨지만, 게오르규의 『25시』를 보면 너무 문장 하나하나마다, 이게 왜 세계내전이고 세계전쟁인가. 정말 우리가 싸워야 되냐. 우리끼리 자유주의 체제가 좋으냐 급진주의 체제가 좋으냐 싸우지만, 그 뒤에 누가 있느냐. 다들 같이 가는 거 아니냐. 게오르규 『25시』랑 한나 아렌트가 관심 있게 비판하며 이야기하고 있어서, 이것을 저는 세계 속의 3.1 운동도 같이 있어왔다고 보고 싶은 거죠. 그래서 개념사적 관점에서 한번 세계시민전쟁을 생각해봐야 하지 않나라고 질문드렸던 것입니다.

이걸 좀 더 보다 근본적으로 고민한 건 이웃과 세계문제인데요, 쇼펜하우어와 프로이트가 "왜 인간은 이웃하고 많이 싸우는가?" 왜 형제살인이 훨씬 많고, 친족 살인이 더 많은가? 멀리 떨어진 이교도들하고는 거의 안 싸우지 않는가. 저도 전쟁사를 공부하면서, 이웃을 품을 수 있으면 세계를 품을 수 있는 거다. 쇼펜하우어가 고슴도치 우화로 얘기한 것처럼 to be close, to be distance, 고슴도치가 끌어 안으면 가시에 찔린다는 것. 이걸 프로이트가 바르톨로뮤 학살부터 모든 형제전쟁, 카인과 아벨

부터 모두 상세하게 다 분석을 해서, 왜 친족끼리 가까울수록 더 많이 죽이냐, 30년 전쟁도 기독교 내부 일이고, 시아파와 수니파는 뭐 말할 필요도 없고요. 그래서 저는 이것을 한국에서의 남한과 북한(으로 보고 싶은 것이고요). 조금 그런 개념사적인 관점에서나 현실세계사적 관점에서 보더라도 서구에서 아시아, 아프리카, 라틴아메리카, 중동의 전쟁을 내전이라고 규정하거나 토착전쟁으로 규정하는 것은 아무리 봐도 또 다른 폭력, 학문적 폭력의 수출 같은 느낌이 들어서 많이 저항을 했던 것이 이분들하고 논쟁도 많이 했는데요. 이걸 선생님의 『또 하나의 냉전』도 정밀하게 읽고, 베스타(Westad)를 연세대로 불러서 토론도 해보았기 때문에 질문을 드려봤습니다.

정지희: 예 감사합니다. 그다음에 채팅창으로 지금 질문이 발표자 선생님 당 하나씩 두 개가 들어와서요, 박명림 선생님 질문과 같이 대답해 주시면 감사할 것 같습니다. 남기정 선생님께는 니혼 대학(日本大学)에 고바야시 소메이(小林聡明) 선생님이 질문을 해주셨는데요. "한국전쟁을 동아시아 전쟁으로 생각할 때 대만 팩터는 어떻게 생각할 수 있는지 여쭤보고 싶습니다"라는 거였고요.

그리고 김현석 선생님이 권헌익 선생님께 드리는 질문입니다. "한국을 제3세계 국가로 보아야 하는지 애매하다하셨는데 시간이 된다면 그 점에 대해서 조금 더 말씀해주십시오."입니다.

남기정: 먼저 박명림 선생님께서 지적하시는 것은 질문은 아니었는데, 반주권국가라고 하는 개념을 어떻게 고민해야 하는가라는 문제를 제기하신 것 같아요. 전후 일본을 반주권국가라는 개념으로 설명하는 것도 있겠지만 저는 아까 제시한 개념틀인 아시아적인 방향과 유럽적인 방향이라고 하는 것으로도 설명을 할 수 있는 부분이 있지 않을까 생각합니다.

그러니까 아시아적인 방향과 유럽적인 방향이라고 하는 것이 분열되어서 서로 갈등하는 구조로 있는 국가와 이것이 통일되어 가는 모습으로 존재하는 국가라는 분류로 설명해 볼 수 있지 않을까, 하는 겁니다. 그런데 거기에 하나 더 더할 것은 국민국가 안에서 통일되는 국가가 있고 국민국가 수준을 넘어가는 국가가 있을 수 있다고 생각이 됩니다. 주권국가, 반주권국가라는 구분에 이러한 국가를 하나 더 추가해야 한다고 생각합니다. 초주권국가라고 할 수 있을까요? 이는 정전과 냉전을 구분해서 보는 사고의 연장입니다만. 예컨대 좀 생각해 볼 것은 아까 그 얄타 체제와 관련해서 소련이라는 국가를 어떻게 이해할 것인가의 문제의 연장에서, 소련이라는 존재, 소련이라고 하는 역사적인 실체가 국제정치의 역사에서 어떤 실체였는가에 대해 다시 생각해 볼 필요가 있습니다. 그런데 바로 소련이 아시아적이면서도 유럽적인, 그리고 아시아의 주변이면서 유럽의 주변이기도 하고, 아시아도 아닌 유럽도 아닌 존재였습니다. 즉 아시아와 유럽이 통일이 되었다고까지는 이야기할 수 없을지 모르지만, 이 두 가지를 아우르는 최초의 존재가 되었던 것 같습니다. 그런 의미에서 국민국가를 넘어가는 어떤 보편국가, 또는 보편제국이라고 얘기할 수 있을까요. 그런 보편적 존재가 될 가능성을 가지고 있었던 국가라고 할 수 있겠죠. 그럼에도 스탈린 등 소련의 지도자들은 아시아의 혁명을 이해하지 못했습니다. 스스로 유럽으로 물러났던 것이죠.

그런 점에서 저는 일본도 지리적으로 공간적으로 비슷한 위치에 있었던 나라라고 생각합니다. 특히 근대에 들어서요. 아시아의 주변이지만 유럽이 아닌. 지리적으로 역사적으로 아시아 문명권에 속해 있으면서 아시아를 이탈하여 유럽을 지향한, 그러니까 유럽적인 것과 아시아적인 것을 동시에 갖고 있었던 거죠. 그런데 소련하고 일본은 어떻게 달랐느냐. 소련은 이 두 가지 방향을 연방 안에서 아우르려 했던 반면, 일본은 내지와 외지를 갈라 유럽과 아시아를 구분하려 했다는 점입니다.

그러니까 아시아적인 것을 식민지 문제로 안고 있는 나라와 그것으로부터 비교적 자유로운 나라라고 하는 그런 구분이 있을 수 있는 게 아닌가. 그런 의미에서도 일본은 반주권국가라고 할 수 있는 부분이 있겠다고 생각합니다. 즉 유럽을 지향했던 제국이 식민지라는 아시아적 문제를 공간적으로 통합된 제국의 범주 안에 껴안았음에도, 이를 분리해서 통합하지 못했다는 사실, 결국 아시아적인 것과 유럽적인 것을 통일하지 못함으로써, 아시아적 질서를 거북해 하고, 유럽적인 질서에 스스로를 놓으려는 심성이 작용하는 것으로 이해됩니다. 그런데 전후 일본은 전쟁의 반성 위에서 평화헌법을 받아들이고 이른바 평화국가로서 국가를 운영해 왔다고 할 수 있습니다. 그런데 이는 미일전쟁에 대한 반성에 머무른 측면이 있습니다. 유럽 질서에 편입되기 위해서는 이 점에서의 반성은 철저해야 했습니다. 따라서 반주권국가를 감수했던 것입니다. 반주권국가라는 현실은 아시아를 배제함으로써 성립한 현실입니다. 일본이 국제정치에서 절반의 역할밖에 하지 못하는 것은 반주권국가이기 때문이기도 하지만, 유럽적 질서와 아시아적 질서를 스스로 통합하지 못한 데에서 오는 것이기도 하다고 생각합니다. 그런데 여기에 공간의 문제에 역사적인 단계까지 넣어서 설명을 하게 되면 거의 모든 나라가 아시아적인 변수와 유럽적인 계기를 다 갖고 있는 나라들인 것이죠. 한국도 저는 그렇다고 생각됩니다.

그래서 한국이 만일 정전과 냉전이라고 하는 두 가지를 동시에 극복하는 어떤 그런 길을 찾아내서 남북한이 함께 한반도적인 수준에서 이를 완성한다고 한다면, 어떻게 보면 유럽적인 것과 아시아적인 것을 통합하고 포괄하는 국가로 나아갈 가능성이 있겠다는 생각이 듭니다. 그 과정에서 식민지 문제를 극복해 나간다면, 냉전-정전을 극복한 한국은 세계적 보편국가로 나아갈 가능성이 생깁니다. 미국이 보편국가라고 한다면, 그것은 유럽적이면서 아시아적인 계기를 통합할 수 있는 나라라는 점에서 그렇다고 할 수 있습니다. 중국도 한때는 다케우치 요시미(竹內好)가 『방법으로서의 아시아(方法としてのアジア)』라는 저서에서 주목했던 것처럼, 유럽적인 것과 아시아적인 것을 통일하는 방향으로 나갈 가능성이 있는 나라였습니다. 그런데 지금은 그런 것이 아닌 방향

으로 가고 있는 문제가 있는 것이 아닌가 하는 생각이 듭니다.

그다음에 고바야시 선생님이 대만 요인을 질문하셨는데 대단히 골치 아프고 어려운 문제라고 생각됩니다. 한국전쟁을 동북아시아 전쟁이라고 했을 때 대만을 여기에 포함시킬 것인가, 아닌가, 포함시킨다면 어떻게 포함시킬 것인가라는 문제는 제가 지금 너무나 고민하고 있는 문제입니다. 한국전쟁에서 일본의 의미를 생각할 때, 오키나와를 포함시켜 생각한다면, 당연히 대만까지도 그 범위는 확대되어야 되겠고. 제가 아까 발제에서 말씀드린 것처럼 한국전쟁이 발발하는 그 시점에서 적어도 1950년 1월, 2월 시점에서는 대만은 분명히 한국전쟁이라고 하는 커다란 아시아적 전쟁 속에 분명히 들어와 있었습니다. 제가 아까 백단이라는 존재에 대해 말씀드렸는데, 백단은 오카무라 야스지(岡村寧次)라고 하는 구 군인을 중심으로 해서 만들어졌던 장교단을 말하는 것으로, 이들이 중국의 홍군에 대항한다는 의미에서 대만의 대륙반공을 지원하기 위해 1950년 초에 대만으로 건너갑니다. 그리고 6월 25일 전쟁이 발발하는 그 시점에는 대륙반공을 실제로 시도하는 움직임을 보입니다. 그러니까 한국전쟁을 대만을 포함한 동북아시아 수준에서 보게 되면 장제스(蔣介石)의 국민당 군대와 구 일본군의 연합세력이 먼저 행동을 일으키고 있었다고도 할 수 있습니다.

그렇게 보면 시야를 넓혀 동북아시아 전쟁으로서 한국전쟁을 바라보게 되면 대만은 분명히 여기에 들어와 있었고, 거기서도 주체적으로 역할을 하려고 했던 측면이 분명히 보입니다. 하지만 결과적으로는 한국전쟁에서 대만의 역할은 제한되어, 아무런 역할을 하지 못했고 전장에서 제외됐었죠. 그렇기 때문에 한국전쟁 이후의 정전체제 안에서 대만의 역할은 보이지 않았던 것이고, 역할을 찾을 수가 없었던 것으로 생각이 됩니다. 그런 면에서 숨겨진 존재, 숨겨졌던 행위자라고 할 수 있겠죠. 그런데 지금 이제 와서 다시 동북아시아의 지정학 속에서, 즉 미중 간의 갈등 속에서 대만의 존재가 커지고 있습니다. 미중 사이의 대만이라는 문제는 지정학적으로만 생각할 문제가 아닙니다. 즉 대만 문제는 탈역사적 문제가 아니라, 한국전쟁이라고 하는 역사 속에서, 동북아시아 전쟁이란 역사 속에서 다시 맥락을 짚어줘야 한다고 생각합니다. 한국전쟁의 발발과 전개, 정전협상의 개시와 타결이라는 과정에서 대만이 어떤 위치에 있었는지를 확인하는 것은 현재 대만을 둘러싼 미중의 기싸

움을 이해하는 데 필수적인 문제라고 생각합니다. 다만 이 문제는 매우 어려운 문제라서 고민을 시작한 단계라는 것까지만 말씀드리겠습니다.

정지희: 네 감사합니다. 권헌익 선생님 부탁드립니다.

권헌익: 제3세계라는 좋은 질문을 주셔서 감사드립니다. 아시겠지만 55년 반둥의 아시아·아프리카회의는 비동맹적인 요소를 가진 운동입니다. 그런데 비동맹은 우리말로는 번역이 어렵습니다. '비동맹'이라고 하는 개념은 동맹(alliance)이 아니라 얼라인먼트(alignment)의 문제입니다. '논 얼라인먼트(non-alignment)', 그러니까 얼라인먼트라는 것은 차 갖고 계신 분들이 왼쪽 바퀴와 오른쪽 바퀴를 얼라인먼트 해야 하듯이 결국 줄맞추기인데, 줄서기라는 얘기는 예를 들어 19세기 초 나폴레옹이 전쟁을 한다고 하면 용병들은 줄을 잘 서겠지만, 농민군들은 줄서기를 해본 적이 없어서, 들어가면 제일 먼저 배우는 것이 줄서기입니다. 우리도 초등학교, 군입대 등에서 줄서기를 배웁니다. 이렇게 얼라인먼트는 근대에 있어 깊은 의미가 있습니다. 혼란한 선들을 일직선으로 만드는, 그것이 전쟁의 시작이고 권력의 조건입니다.

그런데 제3세계의 시작은 안에서 나름대로의 이념이 있었지만, 그만큼 주류 강대국의 이념을 부정한다는 것, 그러니까 당신들이 줄을 서라고 하지만 하지 않겠다는 의미에서의 논 얼라인먼트입니다. 여기서 팬이슬라미즘의 중동으로 가면 논의가 복잡해집니다만, 아시아에서는 명료합니다. 남북한하고 타이완이 초청을 못 받고, 가고 싶어도 못 가는, 이러한 상황이었습니다. 물론 타이완은 중국이 참여했기 때문에 그렇기는 합니다만, 줄서지 말자는데 줄서기를 너무 잘하는 사람들(예를 들어 남북한)은 초청을 받지 못했습니다. 물론 60년대에 들어오면 상황이 좀 달라지고, 특히 70년대에는 제3세계라는 것이 거의 글로벌 사우스(Global South)라는 개념이 되지 않습니까. 초기의 정치성이 사라지는 상황인데, 불평등이란 것이 자결이라는 의미에서의 불평등이 아니라 개발과 발전경제학적인 의미가 됩니다.

결국 남북한이 제3세계이냐 아니냐가 애매한 것은, 제3세계 운동 초기 주류 세력들이 남북한을 제3세계 일원으로 보지 않았다라는 것이 그런 의미였구요. 거기에서 남기정 선생님이 말씀하신 것은 청일전쟁이 아니고 러일전쟁적인 의미에서의 한반도와 대만이죠. 그러니까 글로벌 포스트 콜로니얼리즘, 글로벌 제3세계 운동에서 일본 제국에 의해서 식민화된 아시아의 국가들은 위치가 참 미묘하다는 것입니다. 동남아시아는 조금 다릅니다만, 남아시아, 중동 쪽으로 가면 일본이 (러시아라는) 서구제국을 이긴 그 사건이 너무나도 중요한 사건이었습니다. 그렇기 때문에 일본이 러시아를 이기는 과정에서 자신이 제국으로 팽창한 것은 중요한 사건은 아니었습니다. 그럴 수도 있는 것으로 이해되었습니다. 유일하게 타고르 같은 소수의 지식인들만 여기서 태도가 달랐습니다. 그러니까 일본이 탈제국하는 과정에서도 사실은 제3세계의 넓은 지평에서는 복잡한 측면이 있습니다. 한마디로 일본은 아직도 자신이 아시아의 성원인가 비록 아시아에 있지만 (팽창주의의 의미에서) 유럽적인 존재로서 이해하는가 명확하지 않습니다. 이런 역사적 모순을 뒤로하고 오늘날의 현실로 돌아오면, 매일매일 인종주의 총알을 심장에 하루에 20번 맞고 있던 우리 재일 동포 청소년들, 이들에게 아시아주의적인 의미에서의 아시아에서 형성된 그런 인종주의가 덧씌워진 이 상황이 너무나 안타깝습니다. 이 문제가 해결되는 날 이 복잡한 아시아주의, 러일전쟁, 일본의 예외주의에 관한 문제 역시 해결되지 않을까 생각합니다. 그래서 우리 청소년들에게 힘내라는 말씀을 드립니다.

정지희: 사실 저만 빠지고 세 분 말씀 나누시게 두면, 밤새 하실 기세입니다만, 저희가 정해진 시간이 있어서 이쯤에서 마무리를 해야 할 것 같습니다. 오늘 귀한 연구내용을 저희에게 공유해 주신 발표자 선생님들께 감사드리고 전문적인 토론으로 깊은 논의를 만들어 주신 토론자 선생님께도 깊이 감사의 말씀드립니다. 세 분 선생님들 모시고 나니, 한일관계와 일본의 전후, 그리고 한국전쟁을 같이 봤을 때 지금 우리가 어떤 지점을 고민해야 할지 논제들이 나오고 화두들이 던져진 것 같습니다. 현시점에서 몇 가지 중요한 화두를 던지는 것이 이번 학술회의의 목표였는데, 이뤄진 것 같습니다. 감사합니다.

저 자 ▌ 남기정

서울대학교 일본연구소 HK교수. 도쿄대학 대학원 총합문화연구과에서 박사학위(2000)를 취득했다. 고려대학교 평화연구소 전임연구원, 일본도호쿠대학 법학연구과 교수, 국민대학교 국제학부 교수 등을 거침. 전후 일본의 정치와 외교를 동아시아 국제정치의 문맥에서 분석하는 일에 관심이 있으며, 최근에는 전후 일본의 평화주의와 평화운동에도 관심을 갖고 연구. 최근 연구업적으로 『競合する歷史認識と歷史和解』(공저, 2020), 『난감한 이웃 일본을 이해하는 여섯 가지 시선』(공저, 2018), 『기지국가의 탄생: 일본이 치른 한국전쟁』(2016), "Linking peace with reconciliation: Peace on the Korean Peninsula and the Seoul -Pyongyang -Tokyo triangle"(2019), 「한일관계를 어떻게 할 것인가?: 한일관계 재구축의 필요성, 방법론, 가능성」(2019), 「저출산 고령화 시대 일본의 복지와 방위: 대포와 버터의 정치경제학」(2018) 등이 있다.

저 자 | 권헌익

서울대학교 인류학과에서 초빙교수로 있었고, 현재 동 대학 아시아연구소에서 연구소의 메가아시아 연구사업단에 참여하고 있다. 영국 맨체스터대학, 에든버러대학, 런던정경대학에서 인류학 교수로 재직했으며, 2011년부터 케임브리지대학 트리니티칼리지에서 Senior Research Fellow로 있다. 구소련과 베트남에서 장기간 참여조사를 했고, 베트남전쟁의 유산과 아시아냉전에 관한 다수의 저작이 있다. 한국전쟁 이후 한국의 가족과 친족에 관한 연구에 이어 전쟁이 야기한 한국사회의 종교적 변화를 다루는 새 책의 출간(Politics and Religion in Korea's American Century, Fordham University Press)을 앞두고 있고, 현재 초기 냉전을 주된 배경으로 인류학과 국제관계학의 소통의 역사를 탐구하는 저작을 완성 중이다.

IJS 서울대학교 일본연구소
Reading Japan 35

한반도 정전체제와 '전후' 일본

한국전쟁 70주년 학술회의

초판인쇄 2022년 5월 24일
초판발행 2022년 5월 30일

기   획 서울대학교 일본연구소
저   자 남기정, 권헌익
기획책임 조관자
기획간사 홍유진, 정성훈
발 행 인 윤석현
책임편집 김민경
발 행 처 제이앤씨
등   록 제7-220호
주   소 서울시 도봉구 우이천로 353
전   화 (02)992-3253(대)
전   송 (02)991-1285
전자우편 jncbook@daum.net
홈페이지 http://www.jncbms.co.kr

ⓒ 서울대학교 일본연구소, 2022.

ISBN 979-11-5917-180-2 03340   **정가** 9,000원